독일어 모의고사

# telc Deutsch C1

## Hochschule

Modelltest für telc Deutsch C1

## 독독독

## 독일어 모의고사 telc Deutsch C1 Hochschule

**Textquellen** | SPIEGEL ONLINE 과 제휴한 콘텐츠가 함께 제공됩니다.

**초판 1쇄 발행** | 2022년 9월 21일
**지은이** | Maria Loiztenbauer, Samuel Trippler

**감수** | 이윤복
**디자인** | 백현지

**발행인** | 안희철
**펴낸곳** | 노이지콘텐츠(주)
**출판등록** | 2014년 1월 17일 (등록번호 301-2014-015)
**주소** | 서울특별시 마포구 동교로23길 32-15
**전화** | 02-775-0582
**팩스** | 02-733-0582
**이메일** | info@noisycontents.com

**www.dasdeutsch.com**

**ISBN** 979-11-6614-617-6 (13750)

* 본 책은 저작권법에 의해 보호를 받는 저작물이므로 무단 전재와 복제를 금합니다.
* 잘못된 책은 구입처에서 교환하여 드립니다.

# 차례

## 머리말 ........................................................... 5

## 응시 전에
시험 안내 ........................................................ 6
영역별 안내 ..................................................... 8

## Modelltests
Modelltest 1 ................................................... 19
Modelltest 2 ................................................... 41
Modelltest 3 ................................................... 63

## 정답
Modelltest 1 ................................................... 86
Modelltest 2 ................................................... 92
Modelltest 3 ................................................... 98

*교재에 수록된 지문의 내용은 허구이며, 실제 사실과는 다를 수 있습니다.

# 머리말

<독독독 독일어 모의고사 telc Deutsch C1 Hochschule>를 보고 계신 여러분은 이미 C1 공부를 마치고, 이제 C1 단계를 마무리 짓고 싶을 것입니다. 그리고 독일어권 대학에 진학하기 위해 C1 어학 자격증을 취득하려는 분일 것입니다.

본 교재는 위와 같은 학습자를 대상으로 telc C1 Hochschule의 실제 시험 유형을 익히고 준비하는 데 도움을 주고자 제작되었습니다. 여러분은 이 교재를 시험 직전에 유형을 파악하는 용도로 사용할 수도 있고, 혹은 시험에 응시하지 않더라도 자신의 실력이 어느 정도인지 확인하는 용도로 사용할 수도 있습니다.

위와 같은 목적에 충실한 교재를 만들기 위해, 전반적인 시험 안내와 모의고사 3회라는 간결한 구성으로 교재를 제작하였습니다. 덕분에 분량은 부담 없지만, 그만큼 더 목표에 집중한, 깊이 있는 교재를 제작할 수 있었습니다. 군더더기 없이 꼭 필요한 내용을 원하는 학습자에게 맞춤 교재가 될 것입니다.

## 교재 구성 및 중요 안내

본 교재는 크게 세 부분으로 나뉩니다. 첫 번째 부분인 **응시 전에**는 전반적인 telc C1 시험 안내를 실었고, **Modelltests**에는 실제 시험 유형에 맞는 모의고사 3회분을, 마지막에는 정답과 듣기 지문을 실었습니다.

- **응시 전에**는 시험 소개, 응시 원서 접수 방법, 시험 구성 등 사전에 알아야 할 사항을 앞에 밝혔습니다. 이어서 시험 진행 순서와 방식 등 telc C1 Hochschule 시험이 어떻게 진행되고 문제 유형이 어떠한지 상세히 설명하여 실제 시험을 볼 때 도움이 될 수 있도록 하였습니다.

- **Modelltests**에는 시험을 보는 감각과 경험을 최대한 재현할 수 있도록 문제를 배치하고 출제하였으니, 이 점을 충분히 활용하여 실제 시험을 보듯이 시간을 맞춰서 모의고사를 풀어 보시기 바랍니다. 모의고사에 실은 문제는 C1 수준에 맞는 내용과 시험 출제 의도를 충분히 반영하여 시험 준비에 실질적으로 도움이 될 수 있도록 연구한 결과입니다.

- **중요! 듣기 시험 음성**은 Hören 시험 첫 장에 있는 QR 코드에 연동된 주소에서 들을 수 있습니다. 듣기 음성 파일은 하나의 모의고사당 1개의 파일로 만들어져 있으며, 해당 음성 파일은 실제 시험시간을 고려하여 음성 시작부터 끝 부분까지 실제 시험시간 내 정답 작성 시간이 포함되도록 제작되었습니다. 듣기 시험 시작 직전 파일을 재생하시고 파일 재생이 끝나기 전 반드시 모든 Teil의 정답체크를 완료해야 합니다. 듣기 시험 Teil 간 아무 음성이 들리지 않는 재생 시간 안에 해당 Teil 정답을 체크해야 합니다.

- **정답**에는 듣기, 읽기 시험 정답과 쓰기, 말하기 시험 예시 정답을 실었습니다. 여기에 더해 좀 더 깊이 학습하고 싶은 분을 위해 각 Modelltest 정답에 정답 해설과 듣기 지문을 내려받을 수 있는 QR 코드를 함께 제공해 드립니다.

이제 준비되셨나요?

**Wir wünschen Ihnen viel Erfolg und Spaß mit den Übungsprüfungen und drücken Ihnen die Daumen für die Zertifikatsprüfung.**

## Toi toi toi!

# 시험 안내

###  telc?

telc는 The European Language Certificates의 약자로 CEFR(유럽 언어 공통 기준)에 따라 외국어 능력을 평가하는 어학 시험입니다. telc 어학 자격증은 국제적으로 인정받고 실시되는 공인 어학 자격증으로, 한국을 포함한 25개국 3000여 개 이상 기관에서 응시할 수 있습니다.

그 가운데 본 교재가 다루는 telc Deutsch C1 Hochschule는 유럽 언어 공통 기준에 따라 만든 독일어 능력 인증 시험입니다.

###  원서 접수

- telc 시험은 telc gGmbH와 협약을 맺은 Prüfungszentren에서 응시할 수 있습니다.
- 각 Prüfungszentrum의 위치와 연락처 등은 telc 홈페이지의 'Prüfungszentrum finden' 항목에서 검색할 수 있습니다.
- 각 단계 시험 시행 여부와 원서 접수 방식/기간은 시행 기관별로 상이합니다.
- 지필 시험과 구술 시험 중 하나만 불합격한 경우 이듬해의 마지막 시험까지 해당 부분만 추가 응시가 가능합니다.

###  준비물

- 신분증
- 연필 또는 샤프 펜슬(B2 권장), 지우개
- 사전, 전화기, 기타 전자 기기 등은 사용할 수 없습니다.

###  응시 대상

- 독일어권 대학에 진학하기를 희망하는 사람
- 독일어로 고등 교육을 받을 수 있음을 증명하려는 사람
- C1 단계 수료를 증명하려는 사람
- 세계적으로 인증받을 수 있는 공식 증명서를 원하는 사람

## ✅ 구성

| 독해와 언어 구성 요소 | **90분** |

읽기에서는 중간 길이인 글, 긴 글, 정보가 담긴 글 등을 읽고 문제를 풀고, 언어 구성 요소에서는 지문에 있는 빈칸에 알맞은 문법 형태나 어휘를 채워 넣습니다.

| 청해 | **약 20분** |

뉴스, 라디오 인터뷰, 의견 등을 듣고 각 문제가 참인지 거짓인지 풉니다.

| 글로 표현하기 | **30분** |

문제 두 개가 제시되며, 이 가운데 하나를 골라 반격식체로 이메일을 작성해야 합니다.

| 말로 표현하기 | **준비 20분 + 시험 약 16분** |

자신의 경험을 발표한 뒤 문답하고, 토론하고, 상대와 함께 계획을 짜야 합니다. 사전 준비 시간이 20분 제공된 뒤, 약 16분 동안 시험이 진행됩니다.

## ✅ 합격증이 인증하는 독일어 능력

- 즉흥적이고 유창하게 독일어로 표현할 수 있습니다.
- 구어 사용에 능통하며 말투를 다양하게 사용할 수 있습니다.
- 문법을 높은 수준으로 정확하게 사용할 수 있습니다.
- 대학에서 맞닥뜨리는 다양하고 복잡한 상황을 수행할 수 있습니다.
- 복잡한 글을 이해할 수 있습니다.
- 명확하게 이해 가능하고 짜임새 있는 발표를 대학에서 요구하는 수준으로 할 수 있습니다.
- 격식을 갖춘 토론이나 논쟁에 적극적으로 참여할 수 있습니다.
- 주제별 대화에 효과적이고 적극적으로 참여할 수 있습니다.
- 글을 요약하고 전달할 수 있습니다.

## ✅ 성적 확인과 합격증 수령

- 시험 결과는 통상 6주 정도 뒤에 통보됩니다.
- 합격증 수령 방식은 시행 기관별로 상이합니다.

# 영역별 안내

## ✓ Leseverstehen 독해

독해 + 언어 구성 요소 90분

| Teil | 목표 | 지문 종류 | 문제 유형 | 문항 수 | 배점 |
|---|---|---|---|---|---|
| 1 | 구조 이해 | 잡지 기사, 짧은 논설이나 기고 등 | 문장 넣기 | 6 | 12 |
| 2 | 선택적 이해 | 신문이나 잡지 기사 등의 설명문 | 짝 맞추기 | 6 | 12 |
| 3 | 상세한 이해 | 신문이나 잡지 기사 등의 설명문 | 참/거짓/언급 없음 | 11 | 22 |
|  | 전체적 이해 |  | 제목 붙이기 | 1 | 2 |

## ✓ Sprachbausteine 언어 구성 요소

| 목표 | 문제 유형 | 문항 수 | 배점 |
|---|---|---|---|
| 문법, 어휘, 정서법 이해 | 사지선다 | 22 | 22 |

## ✓ Hörverstehen 청해 · 약 40분

| Teil | 목표 | 지문 종류 | 문제 유형 | 문항 수 | 배점 |
|---|---|---|---|---|---|
| 1 | 전체적 이해 | 특정 주제에 관한 의견이나 논지 | 짝 맞추기 | 8 | 8 |
| 2 | 상세한 이해 | 대담 | 삼지선다 | 10 | 20 |
| 3 | 정보 옮겨 적기 | 발표 혹은 강연 | 메모하기 | 10 | 20 |

## Schriftlicher Ausdruck 글로 표현하기 · 70분

| 목표 | 문제 유형 | 배점 |
|---|---|---|
| 주제에 맞게 논리적으로 글쓰기 | 논술하기 | 48 |

 ## Mündlicher Ausdruck 말로 표현하기 · 약 36분

준비 시간 20분 + 시험 시간 약 16분: 약 36분

| Teil | 목표 | 시간(분) |
|---|---|---|
| 1A(응시자 A) | 발표 | 약 3 |
| 1B(응시자 B) | 상대방의 발표를 요약하고 연관된 질문하기 | 약 2 |
| 1A(응시자 B) | 발표 | 약 3 |
| 1B(응시자 A) | 상대방의 발표를 요약하고 연관된 질문하기 | 약 2 |
| 2 | 토론 | 약 6 |

배점

| 항목 | 과제 수행 능력 | | | 유창성 | 표현력 | 문법 | 발음과 억양 | 총점 |
| | Teil 1A | Teil 1B | Teil 2 | | | | | |
|---|---|---|---|---|---|---|---|---|
| 배점 | 6 | 4 | 6 | 8 | 8 | 8 | 8 | 48 |

## ✅ 시험 진행에 앞서

전체 시험 일정은 크게 두 부분으로 나뉩니다. 먼저 지필 시험에 해당하는 독해와 언어 구성 요소, 청해, 글로 표현하기 시험을 진행합니다. 지필 시험은 언어 구성 요소와 청해 사이에 제공되는 쉬는 시간 20분을 포함하여 총 약 3시간 40분 가량 소요됩니다. 구술 시험은 시험 전에 20분 동안 준비 시간이 제공된 뒤, 약 16분 동안 진행합니다. 구술 시험은 지필 시험과 같은 날에 진행할 수도, 다른 날에 진행할 수도 있으며, 이는 각 Prüfungszentrum에서 확인할 수 있습니다.

지필 시험은 답안 작성지인 Antwortbogen에 연필로 답안을 작성합니다. 독해와 언어요소, 청해, 글로 표현하기 시험이 끝날 때마다 세 번에 걸쳐 각 시험에 해당하는 Antwortbogen을 걷어 가니, 문제를 풀면서 Antwortbogen에 답을 기입하세요. 문제지인 Aufgabenheft에 적은 내용은 채점에 반영되지 않습니다.

> 시간에 맞춰서 Antwortbogen에 답을 기입하며 풀어 보세요!
>
> 최신 Antwortbogen 양식은 telc 홈페이지 Übungsmaterial 항목의 Übungstest 문서를 활용하시기 바랍니다.

원칙상 구술 시험은 보통 다른 응시자와 짝을 지어 진행됩니다. 하지만 응시자 수가 홀수라 짝이 없는 경우 한 조만 세 응시자가 함께 약 24분 동안 시험을 보고, 응시자가 한 명일 경우 시험관 중 한 명이 대화 상대를 맡습니다.

만점은 총점 214점으로, 지필 시험 166점(독해 48, 언어 구성 요소 22, 청해 48, 글로 표현하기 48), 구술 시험 48점입니다. 총점에 따라 성적을 매기며, 합격 기준은 총점 128점, 지필 시험 99점, 구술 시험 29점 이상입니다.

| 총점 | 성적 |
| --- | --- |
| 193~214 | sehr gut |
| 172~192.5 | gut |
| 151~171.5 | befriedigend |
| 128~150.5 | ausreichend |
| 0~127 | nicht bestanden |

## ✅ 시험 진행

### 지필 시험

1. Antwortbogen을 우선 나눠 줍니다. 이름을 비롯한 개인 정보와 Testversion, Prüfungszentrum 등을 Antwortbogen에 적습니다.
2. Aufgabenheft를 나눠 주면 독해 시험과 언어 구성 요소 시험이 중간에 쉬는 시간 없이 90분 동안 진행됩니다.
3. 독해 시험과 언어 구성 요소 시험이 끝나면 응시자는 Antwortbogen 1쪽과 2쪽을 제출하고, 20분 동안 쉬는 시간이 제공됩니다.
4. 쉬는 시간이 끝나면 청해 시험이 약 40분 동안 진행되며, 청해 시험이 끝나면 시험관이 Antwortbogen 3쪽과 4쪽을 걷습니다.
5. 이어서 쉬는 시간 없이 글로 표현하기 시험이 70분 동안 진행됩니다.
6. 글로 표현하기 시험이 끝나면 나누어 주었던 모든 종이를 회수하고, 지필 시험이 종료됩니다.

### 구술 시험

1. 구술 시험은 시험 준비 시간 20분, 시험 시간 약 16분으로 총 약 36분 동안 진행됩니다.
2. 시험이 진행되기 전에 응시자 두 명은 Teil 1 시험지와 메모지를 받고, 20분 동안 시험 준비를 합니다.
3. Teil 1은 A, B 두 부분으로 나누어 1A 부분에서 한 응시자가 시험 준비 시간에 자신이 고른 주제를 발표합니다. 그리고 1B 부분에서 다른 응시자가 그 발표를 요약한 뒤 질문을 하고 발표한 응시자가 대답합니다.
4. 서로 역할을 바꿔서 한 번 더 진행합니다. 1A는 약 3분, 1B는 약 2분씩 두 번 진행하여 총 약 10분 소요됩니다.
5. Teil 2에서 응시자는 인용문 하나를 받아 서로 토론합니다. 약 6분 동안 진행됩니다.
6. Teil 2가 끝나면 시험관은 시험 종료를 알립니다.

> 시간에 맞춰서 Antwortbogen에 답을 기입하며 풀어 보세요!
>
> 최신 Antwortbogen 양식은 telc 홈페이지 Übungsmaterial 항목의 Übungstest 문서를 활용하시기 바랍니다.

## 영역별 상세 안내

### Leseverstehen 독해

독해 시험은 언어 구성 요소 시험과 함께 쉬는 시간 없이 총 90분 동안 진행됩니다. 잡지, 신문, 학술 저작 등에서 볼 수 있는 논설, 기고, 설명문 등이 지문으로 제시됩니다. 독해 시험과 언어 구성 요소 시험이 끝나면 이 부분에 해당하는 Antwortbogen을 제출하니, Antwortbogen에 바로 답을 기입하세요.

#### Teil 1

지문 분량은 400~500자 정도이며, 지문 종류는 잡지 기사, 짧은 논설이나 기고 등입니다. 문장 a~h를 읽고, 지문에 있는 빈칸에 들어갈 알맞은 문장 여섯 개를 골라 넣는 문제입니다. 예시로 보기 z가 빈칸 0번에 들어갈 문장으로 제시됩니다. 글이 전반적으로 어떻게 흘러가는지 파악하면서 전체적으로, 또 상세하게 이해할 수 있어야 합니다. 배점은 문항당 2점입니다.

> 지시어와 접속사를 주의 깊게 살펴보세요!

> 문장은 여덟 개, 빈칸은 여섯 개로, 두 문장은 남아야 합니다!

#### Teil 2

지문 분량은 650~850자 정도이며, 지문 종류는 신문이나 잡지 기사 등에서 볼 수 있는 설명문입니다. 7~12번에 해당하는 문장 여섯 개를 읽고 각 문장이 본문의 a~e 다섯 문단 가운데 어디에 속하는지 고르는 형식입니다. 상세한 내용을 모두 이해하기 보다는 각 문단의 중심 내용을 파악하는 것이 중요합니다. 배점은 문항당 2점입니다.

> 문단 a~e는 복수 문제의 답이 될 수도 있고, 한 번도 답이 되지 않을 수도 있습니다.

### Teil 3

지문 분량은 1000~1200자 정도이며, 지문 종류는 신문이나 잡지 기사 등에서 볼 수 있는 설명문입니다. 지문을 읽고 각 문장이 맞는지, 틀린지 혹은 지문에서 언급되지 않았는지를 고르는 문제(13~23번)와 보기 a, b, c 가운데 지문의 제목으로 알맞은 것을 고르는 문제(24번)입니다. 문제 13~23번은 지문을 상세히 이해하는 것이, 문제 24번은 지문을 전체적으로 이해하는 것이 중요합니다. 배점은 문항당 2점입니다.

**13~23번 문항은 사전 지식이 아니라 지문 내용을 근거로 풀어야 합니다!**

## Sprachbausteine 언어 구성 요소

지문 분량은 320~350자 정도이며, 지문 종류는 신문이나 잡지 기사 등에서 볼 수 있는 설명문입니다. 문법, 어휘, 정서법을 한번에 확인하는 시험으로, 각 문항의 a~d 가운데 해당 빈칸에 들어갈 알맞은 보기를 골라야 합니다. 문항 비중은 문법이 가장 높고 이어서 어휘, 정서법 순서입니다. 배점은 문항당 1점입니다.

독해와 언어 구성 요소 시험 시간이 끝나면 이 부분에 해당하는 Antwortbogen을 제출해야 하니, 문제를 풀면서 Antwortbogen에도 바로 답을 기입하세요. Antwortbogen을 제출하면 쉬는 시간 20분이 제공됩니다.

# Hörverstehen 청해

개인 의견, 대담, 강연이나 발표 등을 듣고 문제를 풀어야 합니다. 독일어권의 여러 지역에서 사용하는 억양이 나올 수 있으며, 모든 음성은 한 번씩만 들려 줍니다. 청해 시험이 끝나면 따로 답안 작성 시간 없이 이 부분에 해당하는 Antwortbogen을 수거하니, 문제를 풀면서 Antwortbogen에도 답을 기입하세요.

> 본 교재의 듣기 시험 음성은 각 Hören 시험 첫 장에 있는
> QR 코드에 연동된 주소에서 들을 수 있습니다.
>
> 실제 시험과 같이 중단 없이 한번에 끝까지 들으면서 문제를 풀어 보세요!

## Teil 1

특정 주제에 관한 의견이나 논지 여덟 개를 들으면서 화자 1~8에 어느 보기 문장 a~j이 해당하는지 고르는 문제입니다. 답은 Antwortbogen의 47~54번에 표기하세요. 음성을 듣기 전에 보기를 읽을 시간이 1분 제공됩니다. 각 음성은 한 번씩 들려주며, 배점은 문항당 1점입니다.

> 듣기 지문은 여덟 개, 보기 문장은 열 개로 보기 문장 두 개는 남아야 합니다.

## Teil 2

학술적 논의나 학문 연구가 주제인 대담을 들으면서 a, b, c 가운데 어느 보기가 가장 적절한지 고르는 문제입니다. 문항 수는 총 열 개이며 음성은 한 번 들려줍니다. 복잡한 지문을 들으면서 상세한 정보를 이해할 수 있어야 합니다. 음성을 듣기 전에 문제를 읽을 시간이 3분 제공됩니다. 배점은 문항당 2점입니다.

## Teil 3

학술 정보 발표 혹은 강연을 들으면서 메모에 빠진 내용을 적는 문제입니다. 의학, 외국어 교육, 공학 등 지문으로 나올 수 있는 발표 주제는 매우 광범위합니다. 지문은 한 번 들려주며, 음성을 듣기 전에 문제를 읽을 시간이 1분 제공됩니다. 음성을 들으면서는 답을 우선 Aufgabenheft에 적으세요. 음성이 끝나면 답을 Antwortbogen에 옮겨 적는 시간이 5분 제공됩니다.

배점은 문항당 2점이며, 지문을 제대로 이해한 것으로 보이나, 작성한 답안이 불충분하거나 잘못 표현된 경우에는 1점이 부여될 수 있습니다. 요구 정답이 두 개인 문제에서 정답을 하나만 쓴 경우도 마찬가지입니다.

> 답을 완전한 문장이 아니라 열쇠 말로 적으세요!

> 음성은 한 번만 들려주니 한 문제를 너무 오래 고민하지 마세요.

## Schriftlicher Ausdruck 글로 표현하기

쉬는 시간 없이 바로 글로 표현하기 시험이 70분 동안 진행됩니다. 두 가지 문제가 제시되며, 응시자는 이 가운데 하나를 골라 답안을 작성합니다. 각 문제에는 대학, 학문, 학업 등과 관련된 주제와 각 주제와 관련한 상반된 견해가 각각 제시됩니다.

문제를 고르고 나면 서론, 본론, 결론 형식을 갖춘 논설문을 예시, 개인의 경험, 견해 등을 담아 350자 이상 분량으로 작성합니다. 시험 시간 70분은 그렇게 넉넉하지 않으니 완전한 글을 쓰고 나서 Antwortbogen에 다시 옮겨 적으려 하지 마세요. 주요 항목만 짧게 메모한 뒤 바로 작성하기를 추천 드립니다. 그리고 마지막에 전체적으로 읽으면서 실수를 수정하세요. 배점은 48점입니다.

> 글로 표현하기 시험이 시작되면 우선 자신이 받은 Aufgabenheft의 Schriftlicher Ausdruck 부분 상단에 있는 번호를 해당 Antwortbogen 상단 Testversion란에 적으세요. 일련 번호를 적지 않거나 잘못 적은 답안지는 점수에 반영되지 않습니다.

## Mündlicher Ausdruck 말로 표현하기

말하기 시험은 시험관 두 명이 참석한 가운데 다른 응시자가 대화 상대로 함께 응시합니다. 시험이 진행되기 앞서 시험 준비 시간이 20분 제공됩니다. 시험은 세 부분으로 구성되며, 약 16분 동안 진행됩니다. 응시자 수가 홀수일 때는 마지막 한 조는 세 명이 함께 응시하고, 시험 시간은 약 24분입니다. 총 소요 시간은 준비 시간 포함 약 36~44분입니다.

### Vorbereitung 준비

각 응시자는 서로 다른 Teil 1 문제지를 배부받습니다. 각 응시자는 문제지에 제시되는 두 가지 주제 가운데 하나를 골라 발표를 준비합니다. 도입, 본론, 마무리 등 발표의 흐름도 염두에 두고 필요한 내용을 메모하세요.

응시자는 시험 준비 시간 동안 필요한 내용을 메모할 수 있지만, 사전, 전화기, 기타 전자기기 등과 같은 도구를 사용할 수 없고, 대화 상대와 이야기를 나눠서도 안 됩니다.

Teil 2 문제지는 시험 시간에 배부됩니다.

준비 시간은 20분 제공됩니다.

> 메모는 발표할 때 참고할 열쇠 말을 적어야 합니다. 완전한 문장을 쓰고 읽으면 안 됩니다!

### Teil 1A: Präsentation 발표

준비 시간에 준비한 내용으로 약 3분 가량 짧게 발표합니다. 준비 시간에 작성한 메모를 참고할 수 있지만, 그대로 읽으면 안 됩니다. 자연스럽게 말하도록 노력해 보세요. 도입, 본론, 마무리 등 양식에 맞추어 발표하고, 발표 시간이 3분에서 너무 벗어나지 않도록 주의하세요.

발표가 진행되는 동안 상대방은 발표를 들으면서 내용을 요약합니다. 요약 내용은 메모할 수 있습니다.

약 3분 동안 진행됩니다.

**Teil 1B: Zusammenfassung und Anschlussfragen 요약과 연관 질문**

발표가 끝나면 상대방은 요약한 내용을 짧게 말하고 발표 내용과 관련하여 질문합니다. 발표자는 이 질문에 답변합니다. 약 2분 동안 진행됩니다.

> 요약할 때 발표 내용을 그대로 되풀이하지 마세요.
>
> 발표자보다 더 짧은 시간 안에 요약 내용도 말하고, 질문도 해야 합니다.

Teil 1A/B를 반복하여 모든 응시자가 한 번씩 발표하고 요약/질문한 뒤 Teil 2로 넘어갑니다.

**Teil 2: Diskussion 토론**

응시자는 유명 인사의 인용문 하나를 받습니다. 각 응시자는 ① 해당 인용문을 어떻게 이해했는지, ② 인용문에 동의/비동의하는지, ③ 동의/비동의하는 근거나 예시는 무엇인지 밝히고, ④ 이를 바탕으로 상대방과 토론합니다. 약 6분 동안 진행됩니다.

# Modelltest 1

듣기 시험 음성 QR코드는 첫 번째 듣기 문제 시작 부분에 있습니다.

## *Leseverstehen* Teil 1

*Lesen Sie den folgenden Text. Welche der Sätze a–h gehören in die Lücken 1–6? Es gibt jeweils nur eine richtige Lösung. Zwei Sätze können nicht zugeordnet werden. Markieren Sie Ihre Lösungen für die Aufgaben 1–6 auf dem Antwortbogen.*

*Lücke (0) ist ein Beispiel.*

Sie bereiten sich auf eine Debatte zum Thema Arbeitssucht in Deutschland vor und lesen folgenden Artikel aus einer Zeitung.

### Jeder zehnte Beschäftigte in Deutschland ist arbeitssüchtig

Rund zehn Prozent der Erwerbstätigen arbeiten exzessiv und zwanghaft, zeigt eine Studie. Vor allem Führungskräfte sind betroffen – und Landwirte.
_____0_____ Forschende der Technischen Universität Braunschweig sowie des Bundesinstituts für Berufsbildung (BIBB) haben dafür repräsentative Daten von 8010 Erwerbstätigen aus den Jahren 2017 und 2018 ausgewertet. Die Studie wurde von der gewerkschaftsnahen Hans-Böckler-Stiftung gefördert.
Vor allem Führungskräfte neigen zu überdurchschnittlich exzessivem Arbeiten, zeigen die Wissenschaftler: Während rund 12,4 Prozent davon betroffen sind, kommen Erwerbstätige weniger weit oben auf der Karriereleiter nur auf 8,7 Prozent. _____1_____ Wenn von der Chefin beispielsweise erwartet werde, dass sie als Erstes kommt und als Letztes geht, könne das „Anreize für arbeitssüchtiges Verhalten" setzen.
Arbeitssucht machen die Wissenschaftler vor allem an zwei Voraussetzungen fest: Erstens, Erwerbstätige arbeiten exzessiv, das heißt: Sie arbeiten lange, schnell und erledigen verschiedene Aufgaben parallel. Zweitens, sie verhalten sich „getrieben": Sie arbeiten hart, auch wenn es keinen Spaß macht, nehmen sich nur mit schlechtem Gewissen frei, können am Feierabend nicht abschalten und entspannen. _____2_____
Die meisten Befragten können das Diensthandy zum Feierabend aber zur Seite legen: 33 Prozent der Beschäftigten gaben zwar an, exzessiv zu arbeiten – aber nicht zwanghaft. 54,9 Prozent der Erwerbstätigen sind bei der Arbeit meist „gelassen". Und eine kleine Gruppe arbeitet zwar nicht viel, aber zwanghaft.
Die Studie zeigt außerdem, dass suchthaftes Arbeiten in vielen unterschiedlichen Branchen verbreitet ist. _____3_____ Mit sechs Prozent sind Erwerbstätige in den Bereichen Informatik, Naturwissenschaft und Geografie am seltensten betroffen. In weiteren untersuchten Wirtschaftsbereichen, unter anderem Verkehr / Logistik, Produktion / Fertigung, Kaufmännische Dienstleistungen / Handel / Vertrieb / Tourismus oder Gesundheit / Soziales / Erziehung liegen die Werte zwischen acht und elf Prozent.
Weitere Erkenntnisse der Studie sind: Unter Selbstständigen liegt die Workaholic-Quote bei 13,9 Prozent. _____4_____ Denn: In dieser Branche sind viele Erwerbstätige selbstständig.
Zwischen den Altersklassen bestehen ebenfalls Unterschiede: Mit 12,6 Prozent neigen 15- bis 24-Jährige häufiger zu Arbeitssucht als 55- bis 64-Jährige mit 7,9 Prozent. _____5_____ Das könnte an einer stärkeren Regulierung liegen, so die Forschenden: Beschäftigte in Großunternehmen können etwa Schwierigkeiten mit der Personalabteilung bekommen, wenn das Arbeitszeitkonto überquillt.
Suchthaftes Arbeiten kommt in Betrieben ohne Mitbestimmung häufiger vor als in Unternehmen, in denen Beschäftigte mehr zu sagen haben. _____6_____
Der Anteil von etwa zehn Prozent Arbeitssüchtigen in Deutschland ist im internationalen Vergleich ähnlich hoch. So kamen Forschende in den USA ebenfalls auf zehn Prozent, in Norwegen auf gut acht Prozent.

Quellenangabe: DER SPIEGEL (online), Franca Quecke, 25.05.2022, zu Lehrzwecken bearbeitet[1]

**Beispiel:**

z  Lange Arbeitstage, zwanghaftes Mails-Checken, schlechtes Gewissen am Feierabend: Jeder zehnte Beschäftigte arbeitet suchthaft, wie eine aktuelle Studie zeigt.

a  Besonders betroffen sind allerdings Beschäftigte in Land-, Forst-, Tierwirtschaft und Gartenbau – dort neigen 19 Prozent zu suchthaftem Arbeiten.

b  Betriebsräte könnten den Studienautoren zufolge dabei helfen, Grenzen zu ziehen und Beschäftigte vor Selbstausbeutung zuschützen.

c  „Unter den Führungskräften ist zwanghaftes Arbeiten zudem umso stärker ausgeprägt, je höher die Führungsebene ist", so die Studienautoren.

d  Das könnte unter anderem den hohen Anteil in landwirtschaftlichen Berufen erklären, vermuten die Studienautoren.

e  Die meisten Arbeitnehmer in Deutschland zeigen diese Symptome zumindest teilweise.

f  Sind arbeitssüchtige Beschäftigte gerade nicht tätig, erfahren sie gewisse „Entzugserscheinungen".

g  Besonders Frauen in Führungspositionen gelten im Allgemeinen als gefährdet.

h  In Großbetrieben ist Arbeitssucht weniger verbreitet als in kleinen Betrieben.

# Leseverstehen Teil 2

*Lesen Sie den folgenden Text. In welchem Textabsatz a–e finden Sie die Antworten auf die Fragen 7–12?*
*Es gibt jeweils nur eine richtige Lösung. Jeder Absatz kann Antworten auf mehrere Fragen enthalten.*
*Markieren Sie Ihre Lösungen für die Aufgaben 7–12 auf dem Antwortbogen.*

**Beispiel:**

In welchem Abschnitt ...
**0** möchte die Autorin ihre Ziele verdeutlichen?

In welchem Abschnitt ...

**7** legt die Autorin die Probleme durch Beispiele dar?

**8** möchte die Autorin ihre aktuelle Situation darlegen?

**9** gibt die Autorin eine Empfehlung?

**10** drückt sich die Autorin nicht kritisch aus?

**11** bringt die Autorin den Leser in ihre Welt?

**12** gibt die Autorin eine fremde Meinung wieder?

**Unterlassene Hilfeleistung**

Verschwundene Bücher, teure Nachhilfe und mehr Häme als Hilfe: Eine 22-jährige Jurastudentin erzählt, wie sie es trotz unfairer Kommilitonen bis zum Staatsexamen schaffte.

**a**
„Fest steht: Ich will Richterin werden. Dafür studiere ich Jura, und das Studium ist spannend, vielseitig und interessant. Aber.
Mit 17 Jahren saß ich mit 400 anderen Anfängern das erste Mal im Hörsaal. Das allgemeine Sich-verrückt-Machen begann schon nach wenigen Wochen: ‚Was hast du heute gemacht?', fragte mich eine Kommilitonin per SMS. ‚Nichts Besonderes eigentlich.' Sie schrieb zurück: ‚Ich war neun Stunden in der Juristenbibliothek.' Neun Stunden?
Der Druck begann zu wachsen, als ich solche Antworten beinahe täglich bekam. Meine Kommilitonen erklärten das Lernen in der Bibliothek schnell zur Musterbeschäftigung, denn dort konnten sie öffentlich zeigen, wie sehr sie sich ins Zeug legten. Doch wenn ich denselben Typen morgens um acht dort sah, und er bei meinem Abgang am Nachmittag immer noch dort saß, regte sich sofort mein schlechtes Gewissen.

**b**
Ich fühlte mich wie in einem vier Jahre andauernden Wettbewerb, bei dem sich alle misstrauisch beäugten, wer wohl noch eine Stunde mehr lernte. Und wenn dann doch mal eine Party stattfand, drehte sich das Gespräch nachts um drei Uhr eben um Schadensrecht.
Dazu kam bei mir der immerwährende Druck, in der Regelstudienzeit fertig zu werden. Nur dann hat man statt der

üblichen zwei Versuche für das Staatsexamen noch einen dritten - und das zählt viel, denn wenn ich das Examen nicht schaffe, war die ganze Mühe umsonst. Für den Richterberuf sollte ich mindestens neun von 18 Punkten bekommen, dann hätte ich ein Prädikatsexamen. 18 Punkte sind generell utopisch - bei der Hälfte kann man sich schon glücklich schätzen.

**c**
Über ihre Noten und Lernmethoden bewahrten meine Kommilitonen normalerweise Stillschweigen. Fragte ich sie direkt danach, drucksten die meisten herum. Als ich einem Bekannten einmal erzählte, wie meine Klausur gelaufen war, wollte er es gar nicht glauben - noch nie hatte er einen anderen Jurastudenten so offen darüber reden hören.
In der Semestergruppe auf Facebook traute ich mich nicht, Fragen zu stellen, aus Angst vor blöden Reaktionen. Solche hatte ich schon das ein oder andere Mal mitbekommen - als eine Mitstudentin zum Beispiel etwas über einen juristischen Fall wissen wollte, war die hilfreiche Antwort: ‚Wenn du nicht so viel auf Facebook surfen würdest, wüsstest du die Antwort schon.' Als ich mir vorstellte, dem Verfasser einer solchen Antwort am nächsten Tag in der Uni zu begegnen, ließ ich das Fragen lieber gleich sein. Redete ich mit Freunden aus anderen Studiengängen über Jura, waren sie überrascht: Diese schlechte Stimmung kannten sie aus ihrem Studium nicht.
Bei Hausarbeiten galt bei uns immer das Prinzip: Wer zuerst kommt, mahlt zuerst. Für neue Bücher durfte man nicht später als halb neun morgens in der Bibliothek sein. Nach Mittag musste man gar nicht mehr hin, weil eh alle Plätze belegt waren. Wenn dann mehrere hundert Leute über das gleiche Thema schrieben, verschwanden Bücher auf mysteriöse Weise oder standen an ganz anderen Stellen.
Als ich für meine Hausarbeit über Bürgerliches Recht etwas nachlesen wollte, fehlten ganze Seiten. Um die Passage jedem zugänglich zu machen, veröffentlichte sie mein Professor daraufhin im Internet. Derjenige, der die Seiten herausgerissen hatte, hat sich damals bestimmt geärgert.

**d**
Jetzt bin ich 22 und stehe kurz vor meinem ersten Staatsexamen. Die meisten Jurastudenten gehen für die Vorbereitung ins Repetitorium, um sich dort acht Semester Lernstoff in den Kopf zu hämmern. Das dauert ein Jahr und kostet etwa 200 Euro im Monat, denn die Anbieter sind privat. Alternativ gibt es kostenlose Uni-Repetitorien, doch die privaten Repetitoren haben mehr Erfahrung und wissen genau, welche Themen wichtig sind. Leisten kann sich das natürlich nicht jeder. Bekannte von mir mussten deshalb neben dem Studium jobben. Dann noch sechs bis acht Stunden am Tag zu lernen, ist hart.

**e**
Ich nehme mir eigentlich viel zu Herzen, aber Jura hat mich abgehärtet. Man braucht dafür viel Ausdauer und ein klares Ziel. Bei mir ist das nach wie vor der Richterberuf - ich mag die Verhandlungen, den Kontakt zu Menschen, aber auch die Büroarbeit, außerdem ist es ein sicherer Job.
Vor allem aber muss man lernen, sein eigenes Ding durchzuziehen. Sich nicht ständig von anderen ein schlechtes Gewissen machen zu lassen und lieber die richtigen Leute zu finden - auch wenn man die vielleicht an einer Hand abzählen kann. Denn es gibt auch die, die helfen, ohne dafür etwas zurückzufordern. Und die auf einer Party um drei Uhr nachts über andere Dinge als Schadensrecht reden können."

Quellenangabe: DER SPIEGEL (online), Nina Bärschneider, 10.03.2017, für Lehrzwecke bearbeitet[2]

## Leseverstehen Teil 3

*Lesen Sie den folgenden Text und die Aussagen 13–23. Welche der Aussagen sind richtig (+), falsch (–) oder gar nicht im Text enthalten (x)? Es gibt jeweils nur eine richtige Lösung. Markieren Sie Ihre Lösungen für die Aufgaben 13–23 auf dem Antwortbogen.*

(ÜBERSCHRIFT)

...
Mindestens zwei Fremdsprachen soll jeder EU-Bürger können, lautet das politische Ziel. Aber was ist die beste Lernmethode? Was nützt Latein? Und wie sinnvoll ist Englisch im Kindergarten?
Der Brite Daniel Tammet spricht Deutsch mit weichem Akzent, nur seine R-Laute kratzen im Hals. Der 31-Jährige hat das Asperger-Syndrom und ist ein „Savant", ein Inselbegabter. In der TV-Runde bei „Beckmann" demonstrierte er vergangenes Jahr ein Wunder: dass ein Mensch nahezu perfektes Deutsch in kaum mehr als einer Woche lernen kann.
Er liebe Sprachen, Deutsch etwa sei „poetisch, elegant, transparent", schwärmte Tammet. Und praktischerweise fingen deutsche Wörter für kleine runde Dinge gleich an: „Knopf, Knospe, Knolle". Eifrig warb er für seine intuitive Art des Lernens, ohne Grammatik, ohne Vokabelpauken und mit „viel Spaß". Anderen Deutschlernern wird diese unorthodoxe Vorgehensweise leider wenig nützen. Schon die „Kn"-Regel ist keine: „Knecht", „Kneipe" und „Knarre" sind weder klein noch rund. Tammet kann die Wörter trotzdem. Aber wie Normalsterbliche am besten Fremdsprachen lernen, das weiß er offenbar nicht.
Genau weiß das niemand. Auch unter Sprachforschern, Lernpsychologen und Lehrern herrscht große Uneinigkeit über fast alle fundamentalen Fragen zum Fremdsprachenlernen: den besten Zeitpunkt, die beste Methode, die nötige Intensität. Sicher ist immerhin, dass eine spezielle Sprachbegabung nicht erforderlich ist – deren Existenz steht ohnehin in Zweifel. Jedes Kind erwirbt schließlich seine Muttersprache. Warum sollte ein Mensch nicht jede Fremdsprache erlernen können?

Auch dass Mädchen besser Fremdsprachen beherrschen als Jungen, ist nicht bewiesen. Bei der ersten großen Untersuchung des Schülerenglisch, "Deutsch-Englisch-Schülerleistungen-International" (Desi) im Schujahr 2003/2004, staunten die Forscher nicht schlecht: Bei einem zehnminütigen Testtelefonat auf Englisch schnatterten die Jungen flüssiger als die Mädchen.
Gewiss, Menschen können unterschiedlich gut Laute imitieren. Abgesehen davon, so Elsbeth Stern, Professorin für Lern- und Lehrforschung an der Eidgenössischen Technischen Hochschule Zürich, liegen die individuellen Unterschiede aber eher in der Bereitschaft, eine Sprache zu lernen, sowie in der Effizienz. „Auch die Vorstellung, es gebe unterschiedliche Lerntypen – visuelle, auditive, verbale", sagt Stern, „ist wissenschaftlich nicht zu halten." Sinnvoll sei ein methodisch vielfältiger Unterricht, der jeden Lernkanal – Ohr, Auge, Sprechapparat – bediene.
Sterns Erkenntnisse sind kein Allgemeingut. Eltern entscheiden, dass ihre Kinder Latein lernen statt einer lebenden Fremdsprache, weil sie meinen, dass es den Sprösslingen am nötigen Sprachtalent mangele. Und weil sie glauben, was Anhänger der Altphilologie predigen: dass Latein das logische Denken fördere und als romanische „Ursprache" die Sprache sei, die man als Erste lernen müsse. „Latein lernen dient dem Latein können", stellt Stern klar, „es konnten keinerlei Transfereffekte auf mathematisches oder logisches Denken nachgewiesen werden."
Auch beim Lernen weiterer Fremdsprachen nützt Latein oft herzlich wenig. Wer etwa Spanisch lernen will, dem hilft mehr, wenn er in der Schule vorher Französisch hatte, wie Stern in einer Vergleichsuntersuchung mit zwei Spanischanfänger-Gruppen nachwies. Nach 30 Stunden Unterricht wurden beide Gruppen getestet. Ergebnis: Die Lateingruppe hinkte der Französischgruppe im Spanischen deutlich hinterher – gerade auch in der Grammatik.
Trotz allem – Eltern stehen auf Latein. Und: Viersprachig aufwachsen? Kann doch jedes Kind!
Den Vorsprung der Französischsprecher erklärt die Forscherin mit der Strukturähnlichkeit von Französisch und Spanisch. Diese romanischen Sprachen sind untereinander verwandter als mit ihrer gemeinsamen Wurzel Latein. Darüber hinaus trainiert Lateinlernen nicht die Sprechfähigkeit – und schon gar nicht den Mut zum Fehler. Beim Erlernen einer modernen Fremdsprache ist dieser Mut Teil des Erfolgs: „Goed" als Vergangenheit von „to go"

(gehen) ist im Englischen zwar nicht korrekt. Einem guten Lehrer beweist der Versuch aber Fortschritt: Der Schüler hat die reguläre „ed"-Endung der Vergangenheitsform („laughed", „helped") verinnerlicht. Nun muss er nur noch die Ausnahmen („went" statt „goed") lernen.

Vor diesem Hintergrund ist es unverständlich, dass in einem Europa, das die Mehrsprachigkeit seiner Bürger als Ziel definiert hat, immer mehr deutsche Eltern ihren Nachwuchs den a.c.i. (accusativus cum infinitivo) pauken lassen. So wuchs der Anteil der Lateinlerner an Gymnasien von 26 Prozent im Schuljahr 2000/2001 auf 32 Prozent 2008/2009.

Dabei muss die Empfehlung der EU-Kommission, dass jeder EU-Bürger neben der Muttersprache zwei weitere europäische Sprachen beherrschen soll, kein frommer Wunsch bleiben. Jedes Kind kann sogar viersprachig sein, behauptet zumindest der Neurobiologe Martin Korte von der Technischen Universität Braunschweig.

Französische Mutter, deutscher Vater, US-Kindergarten und das alles in Madrid - wenn dann jedes Elternteil konsequent in seiner Muttersprache mit dem Kind parliere, beherrsche es schon als Abc-Schütze „flüssig und akzentfrei" vier Sprachen. Wichtig sei nur, dass der Zugang zu den Sprachen in keiner künstlichen Umgebung stattfinde.

Mehr als eine Muttersprache zu haben, ist ein Vorteil für weitere Sprachen. Die Desi-Studie 2006 zeigte, dass mehrsprachige Schüler der Klasse 9 etwas besser Englisch konnten als ihre monolingualen Mitschüler. „Bei Bilingualen", erklärt Heiner Böttger, Englischdidaktiker an der Katholischen Universität Eichstätt, „konnten wir nachweisen, dass jede neue Sprache im selben Hirnareal andockt wie die Erstsprachen." Bei Monolingualen hingegen wandert jede neue Fremdsprache in eine neue Hirnregion.

Böttger wirbt deshalb für bilinguale Kindergärten und Grundschulen. Aber auch Wochenkurse für Kleinkinder oder das übliche Zwei-Stunden-pro-Woche-Englisch-Programm der Grundschulen befürwortet der Experte: „Alle Studien an Kindern in weiterführenden Schulen zeigen, dass sich jeder Sprachkontakt in frühen Jahren später auszahlt." Andere Experten sind da skeptischer. Elsbeth Stern hält Englischkurse im Kindergartenalter sogar für „hinausgeschmissenes Geld": „Die bringen viel zu wenig." Je kleiner das Kind, so die Faustregel, desto länger braucht es für das Lernen einer neuen Sprache.

Einig sind sich die Experten, dass die Verzahnung zwischen dem Grundschulunterricht in Englisch und dem weiterführender Schulen besser werden muss. Der Kieler Bildungsforscher Olaf Köller, der die jüngste Bundesländer-Vergleichsstudie zum Fremdsprachenstand leitete, hat beobachtet, wie Kinder aus englischsprachigen Grundschulklassen die neue Sprache sogar verlernen. „Am Ende der vierten Klasse können die Schüler mühelos Englisch plappern", so Köller. „Nach einem Jahr Unterricht in der weiterführenden Schule trauen die sich nicht mehr, Englisch zu sprechen."

Ein Erfolgsmodell sind die bilingualen Zweige, die immer mehr Realschulen und Gymnasien anbieten. Dienstagmittag am Helene-Lange-Gymnasium in Hamburg, in Klasse 7 findet „History"-Unterricht statt. 28 Jungen und Mädchen blicken auf eine schaurige Zeichnung, die die Lehrerin an die Wand gebeamt hat: in der Mitte ein Rad, auf das ein Mensch gebunden ist, daneben zwei Kapuzenmänner, der eine dreht das Rad, der andere schürt ein Feuer darunter.

„The men are ... drehing the wheel?", versucht es ein Schüler. „Turning the wheel", hilft die Lehrerin. „Turning the wheel", wiederholt er, „I think it's the inquisition." „Correct", hier werde ein Ketzer gebraten, „they are roasting him", erklärt Frauke Ibe, die Lehrerin. Ob die Inquisitoren erfolgreich waren, „were they successful?", fragt sie. Knut meldet sich: „No. I am not a Catholic." „Right", sagt Ibe, „and you are alive."

In der Desi-Studie schnitt der bilinguale Unterricht sogar besser ab als von den Forschern erwartet: Viele „Bili"-Schüler mit Erstsprache Englisch waren in Klasse 9 in Englisch auf dem Stand der Oberstufe.

Wer nicht bilingual aufwuchs und noch als Erwachsener Fremdsprachen lernen will, dem kann der Dortmunder Professor Günter Nold, Mitherausgeber der Desi-Studie, indes Hoffnung machen: „Im Durchschnitt haben Erwachsene im ersten Lernjahr sogar schnellere Erfolge als Kinder. Erst bei längerem Lernen überholen die Kleinen."

Quellenangabe: DER SPIEGEL (online), Annette Bruhns, 31.08.2010, zu Lehrzwecken bearbeitet[3]

*Welche der Aussagen sind richtig (+), falsch (–) oder nicht im Text enthalten (x)?*

13  Daniel Tammet hat dank seiner Inselbegabung sehr gutes Deutsch in kürzester Zeit gelernt.

14  Forscher und Lernpsychologen haben zusammengearbeitet, um die beste Lernmethode für Fremdsprachen zu finden.

15  Es wurde bewiesen, dass Mädchen besser Fremdsprachen lernen können als Jungs.

16  Die Idee von verschiedenen Lerntypen wurde wissenschaftlich widerlegt.

17  Viele Eltern sind der Meinung, dass man durch Latein besser in Mathematik wird.

18  Latein hilft zudem am besten beim Erlernen anderer lateinischer Sprachen.

19  Bilinguale Kinder haben einen deutlichen Vorteil beim Erlernen weiterer Fremdsprachen.

20  Die Experten sind sich einig über die Vorteile des Fremdsprachenlernens in der Kindheit.

21  Elsbeth Stern ist der Meinung, dass Kleinkinder fünfmal länger brauchen als Schulkinder, um eine Sprache zu beherrschen.

22  Bilinguale Schulen zeigen den von Experten erwarteten Erfolg in der Zweisprachigkeit.

23  Erwachsene haben im ersten Lernjahr mehr Erfolg als Kinder.

*Welche der Überschriften a, b oder c trifft die Aussage des Textes am besten? Markieren Sie Ihre Lösung für die Aufgabe 24 auf dem Antwortbogen.*

24  a  Die EU setzt auf Mehrsprachigkeit
    b  Pauken und plappern
    c  Frühes Fremdsprachenlernen ist der Weg zur Mehrsprachigkeit

## Sprachbausteine

*Lesen Sie den folgenden Text. Welche Lösung (a, b, c oder d) ist jeweils richtig? Markieren Sie Ihre Lösungen für die Aufgaben 25–46 auf dem Antwortbogen. Lücke (0) ist ein Beispiel.*

**Dramatischer Rückgang von fliegenden Insekten in Europa**

Immer weniger Insekten bleiben in Großbritannien ___0___ Autos kleben. ___25___ nahm die Zahl dieser „Verkehrsopfer" ___26___ ab. Eine dänische Studie unterstützt den Befund, der schlecht für Europa ist.
Laut einer Untersuchung in Großbritannien ist die Zahl der Fluginsekten in dem Land seit 2004 um fast 60 Prozent zurückgegangen. An der „Zählung" ___27___ an Autoplaketten von 2019 bis 2021 beteiligten sich Hunderte Bürger. Am stärksten war der Rückgang in England mit 65 Prozent, in Wales gab es 55 Prozent ___28___ Insekten und in Schottland 28 Prozent.
Als ___29___ „Windschutzscheibenphänomen" bezeichnen Forscher die gefühlte Beobachtung, dass ___30___ Insekten auf den Windschutzscheiben von Autos kleben als früher. Dieses „Gefühl" wollten Umweltschützer und Forscher in Großbritannien ___31___ nun mit Daten unterfüttern.
Dafür baten sie Autofahrerinnen, die Zahl der zerquetschen Insekten ___32___ Kfz-Plaketten zu zählen. Dafür konnten sich die Teilnehmer eine App ___33___ und bekamen einen „Splatometer" zugeschickt – ___34___ Schablone, die auf dem Kennzeichen des jeweilgen Autos angebracht wird. Die darin klebenden Insekten werden ___35___ Kilometerzahl gezählt.
Dann verglichen die Forscher die Zahlen ___36___ 2004 erhobenen Daten mit derselben Methode. Der Rückgang ___37___ „erschreckend", schreiben sie in ihrer Auswertung. Dennoch müssten noch mehr Messkampagnen durchgeführt werden, da auch ___38___ die Ergebnisse verzerren könnten.
„Diese wichtige Studie ___39___, dass die Zahl der fliegenden Insekten ___40___ 34 Prozent ___41___ Jahrzehnt abnimmt – das ist erschreckend" sagte Matt Shardlow von Buglife ___42___ „Guardian", der die Umfrage zusammen mit dem Kent Wildlife Trust durchführte. „Wir müssen dringend handeln und den Rückgang der biologischen Vielfalt ___43___ stoppen."
Die Zahlen der Messung stimmen auch ___44___ Studien zum Insektenrückgang ___45___. So gab es eine ähnliche Messkampagne bereits in Dänemark. Diese wurde von 1997 bis 2017 jährlich durchgeführt. Der dortige Rückgang war ___46___ 80 Prozent sogar noch dramatischer.

Quellenangabe: DER SPIEGEL (online), 06.05.2022, zu Lehrzwecken bearbeitet[4]

**Beispiel**

0  a bei
   b an
   c vor
   d neben

25  a Vor 2004
    b Mit 2004
    c Seit 2004
    d 2004

26  a drastisch
    b sporadisch
    c langsamer
    d dramaturgisch

27  a einer toten Insekten
    b von toten Insekten
    c von Insekten tötenden
    d von tötenden Insekten

28  a geringere
    b mehr wenig
    c geringe
    d weniger

29  a sogennentes
    b sogenannter
    c sogenanntes
    d sogenennte

30  a weniger tendenziell
    b tendenziell
    c tendenziell weniger
    d tendenzieller

31  a in einer Kampagne
    b mit der Kampagne
    c in der Kampagne
    d der Kampagne

32  a mit ihren
    b in ihren
    c unter ihren
    d auf ihren

33  a hinunterladen
    b herunterziehen
    c herunterladen
    d laden

34  a eine Kategorie
    b eine Art
    c eine Sorte
    d eine Auswahl

35  a nach bestimmten einer
    b einer nach bestimmten
    c einer bestimmten nach
    d nach einer bestimmten

36  a mit erst
    b mit bereits
    c jetzt mit
    d bereits mit

37  a sei
    b ist
    c war
    d wäre

38  a eine ungünstige Wetterbedingung
    b viele Wetterbedingungen
    c ungünstige Wetterbedingungen
    d unbequeme Wetterbedingungen

39  a deutet darauf hin
    b deutet hin
    c hindeutet auf
    d darauf deutet hin

40  a auf durchschnittlich
    b um durchschnittlich
    c für durchschnittlich
    d durchschnittlich auf

41  a jeden
    b jeder
    c jede
    d pro

42  a dem
    b von
    c mit
    d der

43  a nun
    b langsam
    c jetzt
    d nicht

44  a anderen
    b mit anderen
    c mit
    d der anderen

45  a überein
    b ab
    c an
    d genau

46  a um
    b auf
    c in
    d mit

## Hörverstehen Teil 1

 **듣기 시험 음성 QR**
재생시간은 듣기시험 전체 재생시간과 동일하며, 중단 없이 들으면서 동시에 문제를 풀어야 합니다.

*Sie hören die Meinungen von acht Personen. Sie hören die Meinungen nur einmal. Entscheiden Sie beim Hören, welche Aussage (a–j) zu welcher Person (Sprecher/-in 1–8) passt. Zwei Aussagen passen nicht.*

*Markieren Sie Ihre Lösungen für die Aufgaben 47–54 auf dem Antwortbogen.*

*Lesen Sie jetzt die Aussagen a–j. Sie haben dazu eine Minute Zeit.*

a   Der Sprecher / Die Sprecherin ernährt sich nur von Koffein.

b   Ernährungswissenschaftler/innen ernähren sich nicht so gesund, wie alle denken.

c   Der Sprecher / Die Sprecherin kocht nur einmal in der Woche.

d   Viele Studierende räumen die Gemeinschaftsküche nie auf.

e   Für den Sprecher / die Sprecherin steht Essen nicht an erster Stelle.

f   Der Sprecher / Die Sprecherin nimmt kein Pausenbrot mehr mit zur Uni.

g   Viele Studierende kochen einmal und essen tagelang das gleiche Essen.

h   Der Sprecher / Die Sprecherin experimentiert gerne mit neuen Zutaten.

i   Der Sprecher / Die Sprecherin verbraucht langsam seine / ihre Vorräte.

j   Der Sprecher / Die Sprecherin möchte mehr Eigenverantwortung übernehmen.

# Hörverstehen Teil 2

*Sie hören eine Radiosendung. Sie hören die Sendung nur einmal. Entscheiden Sie beim Hören, welche Aussage (a, b oder c) am besten passt. Markieren Sie Ihre Lösungen für die Aufgaben 55–64 auf dem Antwortbogen.*

*Lesen Sie jetzt die Aufgaben 55–64. Sie haben dazu drei Minuten Zeit.*

55 Dr. Schönborn denkt, dass
   a   junge Menschen damals und heute den gleichen Belastungen ausgesetzt sind.
   b   sich die allgemeine Einstellung zu mentaler Gesundheit stark verändert hat.
   c   man früher keine psychologische Betreuung brauchte.

56 Die psychische Belastung der Jugend ist hoch, weil
   a   mehr junge Menschen ein Studium machen.
   b   das Studium viel teurer ist als in den Neunziger Jahren.
   c   sie durchschnittlich weniger als ihre Eltern verdienen werden.

57 Stress ist
   a   schwer zu erkennen und äußert sich durch verschiedene Symptome.
   b   ist die Ursache aller mentalen Belastungen.
   c   der Grund, warum viele Studierende zur psychologischen Beratungsstelle kommen.

58 Psychotherapie ist
   a   ähnlich wie klassische Medizin, weil ein Symptom viele Ursachen haben kann.
   b   komplizierter als klassische Medizin, weil ein Symptom viele Ursachen haben kann.
   c   nicht vergleichbar mit klassischer Medizin, weil ein Symptom viele Ursachen haben kann.

59 In der Beratungsstelle werden
   a   für eine bessere, persönliche Diagnose nur Einzelberatungen durchgeführt.
   b   je nach Präferenz der Studenten verschiedene Arten von Beratung angeboten.
   c   normalerweise nur online Beratungen angeboten, da sie weniger Zeit kosten.

60 Die Beratungsstelle ist direkt neben dem Unicampus,
   a   damit der erste Besuch ohne große Hindernisse möglich ist.
   b   weil die Zielgruppe Studierende sind.
   c   damit immer jemand im Wartezimmer sein kann, um die Studierenden zu begrüßen.

61 In der Beratung werden
   a   alle Studierenden nach einer Sitzung an Psychotherapeuten verwiesen.
   b   Methoden zur Stressbewältigung geübt.
   c   zuerst die äußeren Probleme festgestellt und danach bearbeitet.

62 In der Beratungsstelle geht es um
   a   individuelle Tiefenarbeit für Studierende.
   b   den ersten Kontakt zu psychologischer Beratung.
   c   psychologische Hilfe während des Studiums.

63 Die Reaktionen der Studierenden
   a   sind durchwegs positiv und mehr Beratungsstellen werden verlangt.
   b   sind meist negativ aufgrund der langen Wartezeiten.
   c   großteils positiv, aber es gibt auch noch einige Probleme.

64 Um eine Beratungsstelle an einer Hochschule zu bekommen,
   a   sollte man Petitionen unterschreiben.
   b   sollte man bei der Hochschulleitung anfragen.
   c   sollte man eine Beratungsstelle besuchen.

## Hörverstehen Teil 3

*Sie hören einen Vortrag. Sie hören den Vortrag nur einmal. Sie haben Handzettel mit den Folien der Präsentation erhalten. Schreiben Sie die fehlenden Informationen **stichwortartig** in die freien Zeilen 65–74 in der rechten Spalte. Die Lösung 0 ist ein Beispiel.*

*Lesen Sie jetzt die Stichworte. Sie haben dazu eine Minute Zeit.*

### Präsentation

**0** „....""

**Frage heute:**
Können uns technische Innovationen vor der Klimakatastrophe retten?

Gastdozentin
Renate Minz

---

**USA**

Ein historischer Schritt in Kernfusion

**65** _____ freigesetzt

Selbst skeptische Forscher waren

**66** _____

---

**Europa**

Hoffnung auf gute Ergebnisse **67** _____

Problem: Die Menschheit hat **68** _____

### Ihre Lösungen

**0**  Her mit den Innovationen

**65** _____

**66** _____

**67** _____

**68** _____

| Präsentation | Ihre Lösungen |
|---|---|
| **Innovation**<br><br>bedeutet für Politiker 69 _____<br><br>bedeutet eigentlich:<br><br>Die 70 _____ von<br><br>„neuemn Kombinationen" bestehender Technologien, Systeme oder Ideen am Markt. | 69 _____<br>_____<br>70 _____<br>_____<br>_____ |
| **Innovation fördern**<br><br>Fairen Preis für<br><br>71 _____ bezahlen<br><br>Investitionen in<br><br>72 _____ | 71 _____<br>_____<br>72 _____<br>_____ |
| **Probleme**<br><br>gepriesene Innovationen werden nicht gefördert,<br><br>sondern 73 _____<br><br>Mit allen Mitteln versucht 74 _____ noch am Leben zu halten. | 73 _____<br>_____<br>74 _____<br>_____<br>_____ |

*Sie haben jetzt fünf Minuten Zeit, um Ihre Antworten zu den Aufgaben 65–74 auf den Antwortbogen zu übertragen.*

## *Schriftlicher Ausdruck*

**Übertragen Sie diese Nummer auf den Antwortbogen S30, S. 5 und 7:**

| 0 | 0 | 0 | 0 | 0 | 0 |

Testversion

**Wenn Sie diese Nummer nicht übertragen, wird Ihre Prüfung nicht ausgewertet.**

### Schriftlicher Ausdruck

*Wählen Sie eines der folgenden zwei Themen. Schreiben Sie einen Text, in dem Sie Ihren eigenen Standpunkt dazu erarbeiten und argumentativ darlegen. Ihr Text soll mindestens 350 Wörter umfassen. Sie haben 70 Minuten Zeit.*

### Thema 1

In einer Seminararbeit sollen Sie das Thema **„Stipendien"** aus unterschiedlichen Perspektiven beleuchten.

*Sie können die unten stehenden Zitate zur Orientierung verwenden, aber auch andere Aspekte des Themas darlegen.*

*Argumentieren Sie überzeugend, führen Sie Beispiele an und gliedern Sie Ihren Text in Einleitung, Hauptteil und Schluss.*

> „Ein Stipendium erlaubt Studenten, sich vollkommen auf ihr Studium zu konzentrieren."
>
> „Stipendien in Deutschland sind zu gering, um ein Studium zu finanzieren."

**oder**

### Thema 2

In einer Seminararbeit sollen Sie das Thema **„Online-Vorlesungen"** aus unterschiedlichen Perspektiven beleuchten.

*Sie können die unten stehenden Zitate zur Orientierung verwenden, aber auch andere Aspekte des Themas darlegen.*

*Argumentieren Sie überzeugend, führen Sie Beispiele an und gliedern Sie Ihren Text in Einleitung, Hauptteil und Schluss.*

> „Ohne die Möglichkeit Fragen zu stellen, sind Vorlesungen sinnlos."
>
> „Durch Online-Vorlesungen können sich die Studierenden ihre Zeit besser einteilen."

## *Mündlicher Ausdruck*

# Mündliche Prüfung

**Aufbau der Mündlichen Prüfung**

Zu Beginn führen die Prüfenden und Teilnehmenden ein kurzes Gespräch, in dem sie sich miteinander bekannt machen.

**Teil 1A: Präsentation** (ca. 3 Minuten)

Teilnehmerin bzw. Teilnehmer A erhält ein Aufgabenblatt mit zwei Themen. Eines dieser Themen soll sie oder er in ca. 3 Minuten präsentieren. Die Notizen, die während der Vorbereitung gemacht wurden, dürfen während der Präsentation verwendet werden. Diese sollten jedoch nicht vom Blatt abgelesen werden. Während Teilnehmerin bzw. Teilnehmer A vorträgt, macht sich Teilnehmerin bzw. Teilnehmer B Notizen.

**Teil 1B: Zusammenfassung und Anschlussfragen** (ca. 2 Minuten)

Nach der Präsentation fasst die jeweils andere Teilnehmerin bzw. der jeweils andere Teilnehmer zusammen, was für sie bzw. ihn besonders bemerkenswert war. Es soll nicht eine eventuell bereits am Ende der Präsentation erfolgte Zusammenfassung wiederholt werden. Außerdem stellt sie bzw. er mindestens eine Frage zum Thema der Präsentation. Auch die Prüfenden dürfen Fragen stellen. Im Anschluss daran folgen die Präsentation der Teilnehmerin bzw. des Teilnehmers B und die Zusammenfassung mit Nachfrage seitens Teilnehmerin bzw. Teilnehmer A. Dazu dürfen während der Präsentation Notizen gemacht werden.

**Teil 2: Diskussion** (6 Minuten)

Für den zweiten Teil der Mündlichen Prüfung liegen vier Aufgabenblätter mit jeweils einer Aussage vor. Die Teilnehmenden erhalten jedoch nur ein Aufgabenblatt mit einer Aussage, über die sie miteinander diskutieren sollen. Es soll ein Austausch von Argumenten stattfinden. Falls die Diskussion nicht das erforderliche sprachliche Niveau erreicht, greifen die Prüfenden mit ergänzenden Fragen ein.

**Teilnehmer/in A**

**Teil 1A Präsentation** (3 Minuten)

### Aufgabe

In einer Lehrveranstaltung Ihrer Universität sollen Sie eine Präsentation (ca. 3 Min.) halten. Wählen Sie eines der Themen aus. Sie können sich Notizen machen (Stichworte, keinen zusammenhängenden Text). Denken Sie auch an eine Einleitung und einen Schluss bzw. ein Fazit. Ihre Präsentation soll gut gegliedert sein und das Thema verständlich und ausführlich darstellen. Im Anschluss werden Ihnen Fragen gestellt.

### Themen

- Beschreiben Sie das Bildungssystem eines Landes Ihrer Wahl. Wie könnte das System verbessert werden? Begründen Sie Ihre Meinung.
- Beschreiben Sie die Jobaussichten ohne Diplom in einem Land Ihrer Wahl. Wie ändern sich diese Aussichten mit einem Bachelor oder Master?

**Teil 1B Zusammenfassung und Anschlussfragen** (2 Minuten)

### Aufgabe

- Machen Sie sich Notizen, während Ihre Partnerin / Ihr Partner ihre / seine Präsentation hält. Im Anschluss fassen Sie die Präsentation Ihrer Partnerin / Ihres Partners zusammen.
- Stellen Sie dann Ihrer Partnerin / Ihrem Partner Anschlussfragen.

## Teilnehmer/in B

### Teil 1A Präsentation (3 Minuten)

**Aufgabe**

In einer Lehrveranstaltung Ihrer Universität sollen Sie eine Präsentation (ca. 3 Min.) halten. Wählen Sie eines der Themen aus. Sie können sich Notizen machen (Stichworte, keinen zusammenhängenden Text). Denken Sie auch an eine Einleitung und einen Schluss bzw. ein Fazit. Ihre Präsentation soll gut gegliedert sein und das Thema verständlich und ausführlich darstellen. Im Anschluss werden Ihnen Fragen gestellt.

**Themen**

- Wie wird die Mehrsprachigkeit in einem Land Ihrer Wahl gesehen. Beschreiben Sie die Vor- und Nachteile dieser Art von Mehrsprachigkeit. Begründen Sie Ihre Meinung.

- Beschreiben Sie welche Förderungen und finanzielle Unterstützungen es in einem Land Ihrer Wahl für Studierende gibt.

### Teil 1B Zusammenfassung und Anschlussfragen (2 Minuten)

**Aufgabe**

- Machen Sie sich Notizen, während Ihre Partnerin / Ihr Partner ihre / seine Präsentation hält. Im Anschluss fassen Sie die Präsentation Ihrer Partnerin / Ihres Partners zusammen.

- Stellen Sie dann Ihrer Partnerin / Ihrem Partner Anschlussfragen.

**Teilnehmer/in A / B / (C)**

**Teil 2 Diskussion** (6 Minuten)

Diskutieren Sie mit Ihrer Partnerin oder Ihrem Partner über:

> Fantasie ist wichtiger als Wissen,
> denn Wissen ist begrenzt.
>
> *Albert Einstein, 1879 - 1955, Physiker*

**Aufgabe**

- Wie verstehen Sie diese Aussage?

- Inwiefern teilen Sie diese Ansicht?

- Geben Sie dazu Gründe und Beispiele an.

- Gehen Sie auch auf die Argumente Ihrer Partnerin / Ihres Partners ein.

# Modelltest 2

듣기 시험 음성 QR코드는 첫 번째 듣기 문제 시작 부분에 있습니다.

## Leseverstehen Teil 1

*Lesen Sie den folgenden Text. Welche der Sätze a–h gehören in die Lücken 1–6? Es gibt jeweils nur eine richtige Lösung. Zwei Sätze können nicht zugeordnet werden. Markieren Sie Ihre Lösungen für die Aufgaben 1–6 auf dem Antwortbogen.*

*Lücke (0) ist ein Beispiel.*

Sie bereiten sich darauf vor, einen Aufsatz zum Thema BAföG-Reform zu schreiben, und lesen dazu folgenden Artikel in der Zeitung.

### Studierendenvertreter kritisieren BAföG-Pläne der Bundesregierung

Der Bundestag debattiert neue BAföG-Fördersätze, die Bundesregierung feiert das als schnelles Handeln. _____0_____

Angesichts der aktuellen Preissteigerungen haben Studierendenvertreter eine deutlich stärkere Anhebung der BAföG-Sätze gefordert als bisher geplant. „Dass die Erhöhung der Fördersätze nicht einmal die Inflation ausgleicht, zeigt, wie wenig Studierende berücksichtigt werden", sagte Daryoush Danaii, Vorstandsmitglied im Dachverband der Studierendenvertretungen (fzs). Am Donnerstag debattiert der Bundestag in erster Lesung über den Entwurf der Bundesregierung für eine BAföG-Reform. _____1_____ Was im Einzelnen geplant ist:
Der eigentliche BAföG-Höchstsatz für Studierende soll um rund fünf Prozent von 427 auf 449 Euro im Monat angehoben werden. Auch für Schüler und Azubis steigen die Sätze. Die Wohnpauschale für einen eigenen Haushalt steigt von 325 auf 360 Euro im Monat. _____2_____
Der Kreis der potenziellen BAföG-Empfängerinnen und -Empfänger wird außerdem durch eine Anhebung der Elternfreibeträge um 20 Prozent erweitert. Auch die Altershöchstgrenze soll auf 45 Jahre angehoben werden. Studierendenvertreter hoffen bis zur Verabschiedung im Bundestag auf eine weitere Aufstockung.
_____3_____ „Viele Studierende kommen aufgrund der steigenden Lebenshaltungskosten erneut in eine schwierige Lage", sagte Daryoush Danaii. Im April hatte die Inflation bei 7,4 Prozent gelegen.
Erwartungsgemäß viel positiver bewertet Ria Schröder, bildungspolitische Sprecherin der FDP-Bundestagsfraktion, die im FDP-geführten Bundesbildungsministerium erarbeitete Reform. „Wir schaffen die krasseste Erhöhung der Freibeträge in der Geschichte des BAföG und erreichen damit Kinder, deren Familien zu wenig haben, um sie zu unterstützen, aber zu viel, um bisher BAföG zu bekommen", sagte Schröder dem SPIEGEL. _____4_____
Deutlich weniger euphorisch äußerte sich dagegen der Generalsekretär des Deutschen Studentenwerks (DSW), Matthias Anbuhl. _____5_____ Die Anhebung der Freibeträge und der Altersgrenze seien auf jeden Fall gute Schritte: „Damit können endlich mehr Studierende BAföG bekommen." Tatsächlich ging die Zahl in den vergangenen Jahren deutlich zurück. Profitierten 2012 noch 979.000 Schüler und Studierende von der Ausbildungsbeihilfe, waren es im vergangenen Jahr nur noch 639.000.
Die monatliche Förderhöhe sieht Anbuhl allerdings weiterhin kritisch. „Bei den Bedarfssätzen brauchen die BAföG-Pläne einen Booster", sagte der DSW-Generalsekretär und verwies ebenfalls auf die hohe Inflation: „Die BAföG-Bedarfssätze müssen um mindestens zehn Prozent erhöht werden." Die staatliche Studienfinanzierung müsse wirklich zum Leben reichen.
_____6_____ So müsse es möglichst bald eine Studienstarthilfe geben, sagt Matthias Anbuhl. Außerdem solle die Förderhöchstdauer erweitert und der Darlehensanteil gesenkt werden. Derzeit ist die Rückzahlung beim BAföG auf rund 10.000 Euro gedeckelt.

Quellenangabe: DER SPIEGEL (online), Armin Himmelrath, 12.05.2022, zu Lehrzwecken bearbeitet[5]

**Beispiel:**

z   Doch Studierende klagen: Die Inflation habe das geplante Plus schon jetzt wieder aufgefressen.

a   Das FDP-geführte Bildungsministerium müsse nachlegen.

b   Die Reform sei ein ausgezeichnetes Angebot für Studenten, so Anbuhl.

c   Wichtig sei außerdem, dass das BAföG in Zukunft komplett digital beantragt werden könne.

d   Die Änderungen sollen bereits zum Wintersemester wirksam werden.

e   Somit liegt die geplante Erhöhung unter der aktuellen Inflation.

f   Bei der geplanten Reform gebe es „Licht und Schatten", sagte Anbuhl auf Anfrage.

g   Zusammen mit Zuschlägen für die Kranken- und Pflegeversicherung ergibt sich für Studierende damit ein neuer möglicher Höchstsatz von 931 Euro.

h   Wichtig sei zudem, dass die aktuelle Reform nur der Einstieg in weitere Verbesserungen sei.

## Leseverstehen Teil 2

*Lesen Sie den folgenden Text. In welchem Textabsatz a–e finden Sie die Antworten auf die Fragen 7–12?*
*Es gibt jeweils nur eine richtige Lösung. Jeder Absatz kann Antworten auf mehrere Fragen enthalten.*
*Markieren Sie Ihre Lösungen für die Aufgaben 7–12 auf dem Antwortbogen.*

**Beispiel**:

In welchem Abschnitt ...
0   blickt die Autorin in die Vergangenheit?

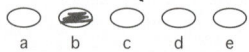

In welchem Abschnitt ...

7   macht die Autorin eine höhnische Bemerkung?

8   ist die Autorin belehrend?

9   nimmt die Autorin einen besonders ironischen Ton an?

10   bemängelt die Autorin die Ignoranz der Politiker?

11   informiert die Autorin über die Umstände?

12   macht die Autorin auf aktuelle Probleme aufmerksam?

**Schlecht getarnter Unterschichtenhass**

**a**
Bei der Landtagswahl in Nordrhein-Westfalen am vergangenen Wochenende waren Nichtwähler mit etwa 45 Prozent die politisch stärkste Kraft geworden, stärker als die CDU, die auf die meisten abgegebenen Stimmen kam. Fast jeder Zweite war am vergangenen Sonntag nicht zur Wahlurne gegangen, so viele wie nie zuvor. Und es war gleich klar, wer daran schuld war, die Bürger nämlich, die sich geweigert haben, ihre Stimme abzugeben. Selbstgefällig seien sie, dummdreist, dekadent, hieß es, Deutschlands Fernsehgott, Günther Jauch, kanzelte die Menschen in NRW aus dem Maischberger-Studio ab: „In der Ukraine lechzen die Leute nach Demokratie. Die setzen dafür ihr Leben ein! Und bei uns bleiben die Leute zu Hause und hauen ihr Grundrecht in die Tonne."
Man könnte einwenden, dass es nicht besonders redlich oder fair ist, den Überlebenskampf in einem Krieg, in dem Bomben fallen, Nachbarn verschleppt, vergewaltigt und ermordet werden, mit einer Landtagswahl im friedlichen Deutschland zu vergleichen, bei der es darum geht, ob der eine mittelalte katholische Mann mit Bart und Brille Ministerpräsident wird oder der andere mittelalte katholische Mann mit Bart und Brille, aber vielleicht sind das Feinheiten.

**b**
Als in der Ukraine noch keine Bomben fielen, als die Verhältnisse also eher denen in Gelsenkirchen oder Dortmund ähnelten, gingen dort übrigens auch nicht viel mehr Menschen zur Wahl als letzten Sonntag in NRW. Bei der Ukraine-Präsidentenwahl 2019 – die Wolodymyr Selenskyj gewann – beteiligten sich 63 Prozent beim ersten Wahlgang, beim zweiten Wahlgang waren es 61 Prozent. 39 Prozent gingen nicht zur Wahl. Das ist gar nicht so weit entfernt von den 45 Prozent in NRW.

Ich sehe in NRW ostdeutsche Verhältnisse, was die niedrige Wahlbeteiligung angeht. Bei der ersten freien Wahl 1990 gingen noch 93,4 Prozent zur Abstimmung. Die Begeisterung für die repräsentative Demokratie nahm dann aber über die Jahre rapide ab, pegelte sich um 50 Prozent ein, in Sachsen-Anhalt sank sie 2006 bei der Landtagswahl auf 44 Prozent.

c

Nach jeder Wahl im Osten mit niedriger Wahlbeteiligung fand sich dann meist dieser oder jener Experte, der behauptete, dass die harten Ost-Erzieherinnen in den Kindergärten die zarten Kinderseelen so verhunzt hätten, dass aus ihnen nur Demokratiehasser werden konnten. Oder so.
Offenbar kann sich kaum einer vorstellen, dass es Leute gibt, denen Politik nicht wichtig ist oder die sich von dem Wahlkampf nicht angesprochen fühlten. Die repräsentative Demokratie funktioniert doch so: Wenn man achtzig Jahre alt wird, kann man in seinem Bürgerleben vielleicht fünfzehnmal abstimmen, welche Partei in den Bundestag kommt, vielleicht noch genauso häufig darüber, welche Partei in den Landtag kommt. Die Chancen, dass man selbst Abgeordneter, Minister oder gar Bundeskanzler wird, sind äußerst gering. Sie sind noch geringer, wenn man in Armut und / oder in nicht akademischen, migrantischen Haushalten aufwächst.
Die größte Mehrheit der Menschen wird nie darüber entscheiden, ob die Steuern erhöht oder gesenkt werden, wie viel ein Hartz-IV-Empfänger bekommt oder ob deutsche Waffen ins Ausland geliefert werden oder nicht.

d

Und es gehört zur Freiheit eines Bürgers dazu, nicht wählen zu müssen. Es gibt ein Wahlrecht, keine Wahlpflicht oder gar Wahlzwang. Die Angriffe auf die Nichtwähler sind im Prinzip schlecht verhüllter Unterschichtenhass, und sie gehen an der eigentlichen Frage vorbei: Warum ist es einer großen Zahl von Menschen offenbar nicht wichtig genug, ihre Stimme abzugeben? Warum ist die Vorstellung so abwegig, dass sie sich von niemandem vertreten fühlen? Und dass viele von ihnen, anders als bei der letzten Wahl, offenbar keine Motivation spürten, diesmal zu wählen.
Die meisten Nichtwähler sind arme Menschen, auch in NRW war die Wahlbeteiligung in den verarmten Städten wie Gelsenkirchen oder Duisburg am niedrigsten. Laut dem Einkommensatlas liegt das Pro-Kopf-Einkommen pro Jahr in Gelsenkirchen bei 17.015 Euro, in Duisburg sind es 17.741 Euro.
Der Kölner Politikwissenschaftler Christoph Butterwegge sagt (noch mal), dass bestimmte Bevölkerungsschichten sich nicht mehr repräsentiert fühlen. „Die sozial Benachteiligten haben das Gefühl, dass ihre Interessen nicht mehr vorkommen bei den Verantwortlichen, und das beantworten sie damit, dass sie nicht mehr zur Wahl gehen." Butterwegge kandidierte vor ein paar Jahren für die Linke als Bundespräsident, seine Frau war jetzt in NRW Kandidatin der Linken. Er ist nicht komplett unparteiisch, und trotzdem ist seine Analyse nicht falsch.

e

Die Frage nach sozialer Gerechtigkeit – von der ich unterstelle, dass sie arme Menschen mehr bewegt – fristet seit einiger Zeit ein Nischendasein, es ist kein Thema, mit dem man sich profilieren kann. Sozialpolitik wird höchstens so verstanden, nach dem Gießkannenprinzip Geld zu verteilen, wie beim Entlastungspaket. Andere Reformideen haben es schwer.
„Wir rennen gerade in ein massives Armutsproblem", warnte Klaus Lederer, Kultursenator von Berlin, kürzlich angesichts der massiv steigenden Energie- und Lebenshaltungskosten. Auf Twitter machen Menschen bereits mit dem Hashtag #Ichbinarmutsbetroffen auf ihre Situation aufmerksam.
Und gleichzeitig wirken die Parteien sozialpolitisch seltsam ideenlos. Höhere Steuern für diejenigen zu verlangen, die gut durch die Krise gekommen sind, und die gibt es ja, lehnt der FDP-Finanzminister ab. Die Grünen werden als Umweltpartei wahrgenommen, die Linke – Lederers Partei – liegt quasi in Trümmern.
Und die SPD? Es wirkt, als sei sie die Partei für doppelt verdienende Akademikerpaare mit Eigentumswohnung geworden – und außerdem ständig mit irgendeiner Vergangenheitsbewältigung befasst. Man könnte einwenden, Scholz habe dafür gesorgt, dass der Mindestlohn kommt, doch das wird angesichts der hohen Kosten durch Inflation und Preissteigerungen zu wenig sein.

Quellenangabe: DER SPIEGEL (online), Sabine Rennefranz, 19.05.2022[6]

## Leseverstehen Teil 3

*Lesen Sie den folgenden Text und die Aussagen 13–23. Welche der Aussagen sind richtig (+), falsch (–) oder gar nicht im Text enthalten (x)? Es gibt jeweils nur eine richtige Lösung. Markieren Sie Ihre Lösungen für die Aufgaben 13–23 auf dem Antwortbogen.*

**(ÜBERSCHRIFT)**

Weltweit über 2000 Forschende haben ein Werk vorgelegt, das sämtliche Zellen des Menschen kartieren soll. Das Erbgut ist bereits vollständig entschlüsselt, sprich, eine Liste der menschlichen Gene liegt bereits vor. Nun haben Forschende ein Werk vorgelegt, das sämtliche Zellen des Menschen kartieren soll. Damit ließe sich verstehen, wo und wie im Körper die Gene wirken. Damit lasse sich etwa sehen, in welchen Geweben es Türen für bestimmte Virengruppen gebe. Mit diesem Atlas verbessere sich das Verständnis der allgemeinen Gesundheit. Zudem solle er in Zukunft bei der Diagnose und Behandlung zahlreicher Krankheiten helfen können.

Für diesen Zellatlas des Menschen haben drei Teams insgesamt mehr als 500 Zelltypen über 33 Gewebe hinweg analysiert und in groben Karten zusammengefasst. Die Teams präsentieren die Arbeit im Journal „Science", einem Fachmagazin für Natur-, Sozial- und Formalwissenschaften der Amerikanischen Gesellschaft zur Förderung der Naturwissenschaften. Ein weiteres Team analysierte Zellen von Embryonen. Embryonale Stammzellen sind von besonderer Bedeutung, da sie pluripotent sind, sprich, sich in alle Zelltypen entwickeln können.

Mit dem Zellatlas des Menschen lasse sich etwa sehen, in welche Gewebe Corona- oder Grippeviren eindringen können, sagt eine Studienleiterin, Sarah Teichmann vom britischen Wellcome Sanger Institute. Sie ist Mitgründerin des 2016 gestarteten Projekts Human Cell Atlas (HCA), an dem weltweit über 2000 Forschende beteiligt sind. „Der Atlas sagt uns, welche Zellen für welche Viren eine Tür offen haben. Dass in der Nase Rezeptoren für Covid-19 sind, haben wir schon im März gesehen, und im April 2020 wurde die Studie veröffentlicht." Das habe belegt, wie wichtig Masken während der Pandemie seien. Zudem habe ihr Team nachgewiesen, dass Coronaviren auch in gewisse Schleimhautzellen im Mund eindringen können und somit beim Sprechen ausgeworfen werden. Daher wurde in der Pandemie empfohlen, nicht ohne Maske zu sprechen. „Der Zellatlas ist wie ein Guidebook, das zeigt, an welcher Stelle welcher Rezeptor sitzt." Das sei nicht nur für Viren bedeutend, sondern auch für die Entwicklung von Medikamenten.

Die Arbeit am Zellatlas laufe schon seit Jahren, doch bislang seien vor allem einzelne Zellen, Gewebe oder Organe katalogisiert worden, erklärt Teichmann, die auch Forschungsdirektorin an der britischen Universität Cambridge ist. Mit den in „Science" vorgestellten Zellkarten lasse sich organübergreifend zeigen, wie Zellen zusammenarbeiten. „Im Immunsystem haben wir nun gelernt, welche T-Zellen in welchen Geweben vorhanden sind und so eine Art GPS geschaffen", so Teichmann. T-Zellen bilden etwa in der Milz andere Rezeptoren aus als in anderen Organen. Dadurch kann man Krankheiten die organübergreifend sind auch besser und gezielter behandeln. Zudem hätten sich die Analysetechniken sehr verbessert. „Wir sind an dem Punkt, wo die Technologien sehr robust, schnell und erschwinglich sind."
Wichtig sei das nicht nur zum Auffinden von Rezeptoren. „Das im Atlas gespeicherte gesunde Gewebe dient vor allem auch als Referenz bei Krankheiten. Man kann gut sehen, was sich bei einem Patienten, der unter einer bestimmten Krankheit leidet, geändert hat", sagte Teichmann. Dank des Zellatlas könnten auch neue Behandlungsmethoden entwickelt werden.

So wie das Human Genome Project, ein internationales Forschungsprojekt zur Entschlüsselung der menschlichen DNA, eine Referenz für alle Gene liefere, sei der Zellatlas des Menschen eine Referenz für alle

Zellen, sagte die zweite Gründerin des Projekts, Aviv Regev vom Broad Institute in Cambridge (US-Staat Massachusetts). Ein bedeutender Unterschied der Projekte sei die Datenmenge. Der Zellatlas enthalte viel mehr Daten.

Alle Körperzellen eines Menschen haben dasselbe Genom, aber sie nutzen unterschiedliche Teile davon. „Es genügt nicht, die Gene für Krankheiten zu identifizieren, man muss auch wissen, wo sie aktiv sind." Mit dem Atlas, der Forschern weltweit öffentlich zur Verfügung steht, ließen sich auch Zellen identifizieren, die Krankheiten auslösen.

Ein weiteres Team von Teichmann hat in einem vierten „Science"-Paper für den Zellatlas das Immunsystem von Embryonen untersucht und belegt, dass Immunzellen in vielen Organen entstehen, nicht nur in blutbildenden. „Die Zellen und Gewebe der menschlichen Entwicklungsstadien zu untersuchen, hilft uns unter anderem, seltene Krankheiten, die oft bei Geburt auftreten, zu verstehen, sowie den Ursprung von Kindertumoren, die oft in der Schwangerschaft entstehen, zu finden", erklärt Teichmann.

Vor den aktuellen Arbeiten hatten schon etwa hundert Einzelstudien, die Gewebe vieler Menschen analysiert hatten, zum Zellatlas beigetragen. So hatte ein Team um Roland Eils von der Berliner Charité bereits 2020 eine Karte der Bauchspeicheldrüse aufgestellt. Die Forschenden hatten alle Zellen darin genetisch untersucht, ihre genaue Lage bestimmt und die Verbindungen zwischen den einzelnen Zellen aufgeklärt. „Wir wollten eine Ressource für alle Forschenden schaffen, die sich für die Bauchspeicheldrüse interessieren", erklärte Eils damals. Norbert Hübner vom Max-Delbrück-Centrum für Molekulare Medizin in Berlin war federführend an einer ersten Skizze für das Herz beteiligt.

Für den Zellatlas analysieren die Forscher kleine Arbeitskopien (mRNA) des Erbguts, die als Anleitung für die Produktion von jeweils gewünschten Stoffen in der Zelle nötig sind. Inzwischen kann man mit Hilfe eines Algorithmuses aber auch feststellen, um welchen Zelltyp es sich handelt. Dies erleichtert die Sammlung von großen Datenmengen sowie der Beobachtung von Zellveränderungen. Zudem funktioniert die Technologie, welche sich auf den robusten Zellkern fokussiert auch bei gefrorenem Gewebe und erleichtert somit eine verschobene Analyse.

Noch ist der Zellatlas nicht komplett. „Eigentlich wollten wir innerhalb von fünf Jahren einen ersten Entwurf fertig haben", sagte Teichmann. Aber da sei die Pandemie leider etwas dazwischengekommen. Noch sei ein Ende offen. Ein Grund dafür sei fehlendes Wissen. „Wir wissen gar nicht, wie viele Zelltypen der Mensch hat", gesteht Teichmann ein, jedenfalls seien es mehr als zuvor gedacht. „Der Körper hat über 50 Gewebe. Nun haben wir zusammengenommen einen groben Entwurf einer Karte mit 30 Geweben und 50 Millionen einzelnen Zellen", sagte Teichmann. „Das ist ein sehr guter Anfang. Allerdings fehlt noch das Gehirn." Da seien erst kleine Teile kartiert, und es gebe beim Menschen rund hundert Hirnregionen. Die Forschungsteams um Teichmann haben also noch allerlei zu tun in den nächsten Jahren. Doch weitere Forschungen, denen der Zellatlas zugrunde liegt, sind schon im Gange.

Quellenangabe: © dpa, für Lehrzwecke bearbeitet

*Welche der Aussagen sind richtig (+), falsch (–) oder nicht im Text enthalten (x)?*

**13** Der Zellatlas wird zur Behandlung von Krankheiten eingesetzt.

**14** Das „Science" Fachmagazin behandelt nicht nur Naturwissenschaften.

**15** Die Positionen der Rezeptoren für Covid-19-Vieren bestätigen die Wichtigkeit der Masken.

**16** Auch bei der Entwicklung der Medikamente gegen Covid-19 hat der Zellatlas eine Rolle gespielt.

**17** Der Zellatlas funktioniert fast wie ein GPS für Zellpositionen.

**18** Im Zellatlas sind gesunde und kranke Zellen gespeichert, dadurch kann man Krankheiten entdecken.

**19** Der Zellatlas enthält zehnmal so viele Daten wie das Human Genome Project.

**20** Zellen und Gewebe in Embryonen zu untersuchen, gibt uns mehr Informationen zu Kinderkrankheiten.

**21** Der Zellatlas ist eine Sammlung von etwa hundert Einzelstudien.

**22** Die Zellanalyse funktioniert auch bei gefrorenem Gewebe.

**23** Das Gehirn wurde noch gar nicht für den Zellatlas analysiert.

*Welche der Überschriften a, b oder c trifft die Aussage des Textes am besten? Markieren Sie Ihre Lösung für die Aufgabe 24 auf dem Antwortbogen.*

**24**  **a**  Forschende präsentieren Katalog menschlicher Zellen
      **b**  Zellatlas bestätigt die Wirksamkeit von Masken
      **c**  Nächster Schritt nach dem Human Genome Project – der Zellatlas

## Sprachbausteine

*Lesen Sie den folgenden Text. Welche Lösung (a, b, c oder d) ist jeweils richtig? Markieren Sie Ihre Lösungen für die Aufgaben 25–46 auf dem Antwortbogen. Lücke (0) ist ein Beispiel.*

### Duales Studium in Deutschland wird beliebter

Immer mehr junge Menschen in Deutschland verbinden Studium und Berufsausbildung. Dennoch fristet das duale Studium ein Nischendasein – sieht man ___0___.

Studium oder Ausbildung? ___25___ stehen viele junge Menschen, wenn sie Abi oder Fachhochschulreife in der Tasche haben. Und immer mehr entscheiden sich für: ___26___.
Die Zahl der Teilnehmenden ___27___ Studium hat sich laut einer Studie von 2004 bis 2019 vervierfacht. Das ist das Ergebnis einer Auswertung des ___28___ Centrums für Hochschulentwicklung (CHE) und des Forschungsinstituts Betriebliche Bildung (f-bb) im Auftrag des Bundesbildungsministeriums.
Demnach sind ___29___ rund 122.000 Menschen in etwa 2000 dualen Studiengängen an deutschen Hochschulen eingeschrieben. ___30___ bleibt diese Art der Vorbereitung auf das Berufsleben in Deutschland mit einem Anteil von 4,2 Prozent an allen Studierenden ___31___. Bei den Erstsemestern ___32___ 4,6 Prozent. Den Bewerbungszahlen zufolge wäre aber mehr drin. ___33___ kommen der Studie zufolge im Schnitt zehn Bewerbungen.
Je nach Bundesland zeigen sich ___34___ Unterschiede, wie groß das Angebot ist. Während in Bayern jeder fünfte Studiengang ein duales Angebot ist, gilt das in Bremen und Sachsen-Anhalt nur für ___35___.
Im Saarland sind fast 30 Prozent aller Studierenden in einem dualen Studiengang ___36___. Auf Platz zwei folgt mit großem Abstand Baden-Württemberg mit ___37___ zehn Prozent. Am anderen Ende der Skala ___38___ Sachsen-Anhalt und Bremen mit 1,1 und 0,6 Prozent der Studierendenschaft.
Auch bei der Bezahlung gibt es ___39___ Bundesland große Schwankungen. Im Saarland zahlen die kooperierenden Unternehmen im Schnitt 627 Euro ___40___, in Hessen sind es dagegen 1115 Euro. Der Bundesdurchschnitt ___41___ 1018 Euro.
Laut Studie geben die Unternehmen ___42___ für ihre Teilnahme an:
Am wichtigsten ist die Praxisnähe (78,7 Prozent) für die Studenten, darauf folgt die ___43___ Bindung von Mitarbeitenden (67,2) und der Vorteil des Einarbeitens der Studierenden ___44___ dem Studienabschluss (65,6).
Die Fächergruppen mit ___45___ Anteil an dualen Angeboten gibt es bundesweit in den Rechts- und Wirtschaftswissenschaften (18,1 Prozent), ___46___ den Gesundheits- (16,3) und den Ingenieurwissenschaften (16,1).

Quellenangabe: © dpa, für Lehrzwecke bearbeitet

**Beispiel**

0   a ins Saarland
    b vom Saarland ab
    c das Saarland an
    d das Saarland ab

25  a Vor der Aufgabe
    b Vor der Frage
    c Vor der Herausforderung
    d Vor der Prüfung

26  a beides
    b beide
    c zwei
    d keines

27  a an sogenanntem dualem
    b an sogenanntem dualen
    c an sogenannten dualen
    d am sogenannten dualen

28  a allnutzenden
    b nützlichen
    c gemeinnützigen
    d allgemeinen

29  a jetzt
    b in diesem Moment
    c nun
    d aktuell

30  a Dennoch
    b Also
    c Indessen
    d Infolge

31  a nur eine Nische
    b nur Nische
    c nur die Nische
    d Nische

32  a ist
    b beträgt der Anteil
    c ist die Zahl
    d beträgt die Zahl

33  a Bei jedem Platz
    b Zu allen Platz
    c Auf jeden Platz
    d Zu jedem Platz

34  a betonte
    b handfeste
    c verständliche
    d deutliche

35  a jeden zwanzigsten
    b jedem zwanzigsten
    c jeder zwanzigste
    d jedem zwanzigste

36  a aufgenommen
    b eingeschrieben
    c eingetragen
    d studieren

37  a knapp
    b eng
    c kaum
    d minimal

38  a legen
    b platzieren
    c rangieren
    d sitzen

39  a je
    b jedem
    c wie jedes
    d je nach

40  a in Monat
    b je Monat
    c pro Monat
    d per Monat

41  a liegt auf
    b liegt bei
    c liegt mit
    d liegt um

42  a folgenden Grund
    b folgende Gründe
    c den folgenden Grund
    d einen folgenden Grund

43  a rechtzeitige
    b verfrühte
    c prämature
    d frühzeitige

44  a bereits vor
    b schon nach
    c direkt nach
    d direkt vor

45  a größtem
    b am größten
    c einem größten
    d dem größten

46  a dahinter kommen
    b folglich
    c gefolgt von
    d abschließend sind

# Hörverstehen Teil 1

 **듣기 시험 음성 QR**
재생시간은 듣기시험 전체 재생시간과 동일하며, 중단 없이 들으면서 동시에 문제를 풀어야 합니다.

*Sie hören die Meinungen von acht Personen. Sie hören die Meinungen nur einmal. Entscheiden Sie beim Hören, welche Aussage (a–j) zu welcher Person (Sprecher/-in 1–8) passt. Zwei Aussagen passen nicht.*

*Markieren Sie Ihre Lösungen für die Aufgaben 47–54 auf dem Antwortbogen.*

*Lesen Sie jetzt die Aussagen a–j. Sie haben dazu eine Minute Zeit.*

a   Der Sprecher / Die Sprecherin empfiehlt niemandem Prüfungen zu viel zu verschieben.

b   Der Sprecher / Die Sprecherin lernt nur für eine Prüfung im Semester.

c   Sport ist das beste Mittel gegen Prüfungsstress.

d   Projekte sollte man, wenn es möglich ist, schon vor der Prüfungszeit erledigen.

e   Putzen hilft, die Nerven zu beruhigen.

f   Es ist wichtig in den Vorlesungen darauf zu achten, was die Lehrperson betont.

g   Der Sprecher / Die Sprecherin ist immer gut auf Prüfungen vorbereitet, aber bekommt trotzdem keine guten Noten.

h   Solange man gut auf die Dosis achtet, helfen Beruhigungsmittel gut in der Prüfungszeit.

i   Der Sprecher / Die Sprecherin lernt in der Gemeinschaftsküche und muss sie daher putzen.

j   In Prüfungen werden oft Dinge geprüft, die man nie wieder braucht.

## Hörverstehen Teil 2

*Sie hören eine Radiosendung. Sie hören die Sendung nur einmal. Entscheiden Sie beim Hören, welche Aussage (a, b oder c) am besten passt. Markieren Sie Ihre Lösungen für die Aufgaben 55–64 auf dem Antwortbogen.*

*Lesen Sie jetzt die Aufgaben 55–64. Sie haben dazu drei Minuten Zeit.*

55 Die Zahl der Studienanfänger ging zurück, weil
  a weniger Schüler und Schülerinnen studieren möchten.
  b seit vielen Jahren weniger Kinder in Deutschland geboren werden.
  c viele Deutsche ins Ausland studieren gehen.

56 Da Fachhochschulen derzeit sehr beliebt sind,
  a gibt es derzeit mehr Studierende an Fachhochschulen als an Universitäten.
  b profitieren sie von der Coronapandemie.
  c gibt es in diesem Jahr mehr Studierende an Fachhochschulen als im letzten Jahr.

57 An Universitäten kann man, im Vergleich zu Fachhochschulen,
  a sich mehr auf die praktische Seite des Studiums fokussieren.
  b einen engeren Kontakt zu den Dozenten aufbauen.
  c mehr Studierende auf einmal unterrichten.

58 Der Unterschied in der Bezahlung nach dem Abschluss
  a war noch nie ein wichtiger Faktor in der Studienwahl.
  b spielt bei Universitäten und Fachhochschulen kaum mehr eine Rolle.
  c lässt viele Studierende zu einer Fachhochschule tendieren.

59 Die Abkürzung MINT steht für:
  a „Mathematik, Informatik, Naturwissenschaften und Technik"
  b „Mathematik, Information, Naturwissenschaften und Technik"
  c „Mathematik, Informatik, Naturwissenschaften und Techologie"

60 Studien im Pflegebereich sind
  a für Studierende nicht sehr attraktiv, weil man damit nicht viel Geld verdienen kann.
  b überlaufen, weil es ein wichtiger Bereich für die Zukunft ist.
  c sehr beliebt, weil man mit einem Abschluss garantiert einen Job bekommt.

61 Informatikstudenten müssen
  a diversen Unterricht aus vielen Nischen besuchen, um erfolgreich zu sein.
  b sich darauf vorbereiten, immer wieder neue Dinge zu lernen.
  c sich auf Digital Design konzentrieren.

62 Dr. Ebenauer empfiehlt allen Studierenden,
  a sich eine weitere Fremdsprache anzueignen.
  b sich in ein MINT-Studium einzuschreiben.
  c mindestens drei Fremdsprachen zu lernen.

63 Dr. Ebenauer vermutet, dass
  a der Unterricht an Hochschulen komplett digitalisiert werden wird.
  b viele Vorlesungen digital werden, aber die Weitergabe von Informationen offline sein wird.
  c neben einer weitgehenden Digitalisierung auch soziale Dienste an der Uni wichtig werden.

64 Kontakte, die man während des Studiums knüpft,
  a können einem bei der Ausbildung weiterhelfen.
  b sind in der Zukunft nicht mehr bedeutend.
  c können später wichtig für die Karriere sein.

## Hörverstehen Teil 3

*Sie hören einen Vortrag. Sie hören den Vortrag nur einmal. Sie haben Handzettel mit den Folien der Präsentation erhalten. Schreiben Sie die fehlenden Informationen **stichwortartig** in die freien Zeilen 65–74 in der rechten Spalte. Die Lösung 0 ist ein Beispiel.*

*Lesen Sie jetzt die Stichworte. Sie haben dazu eine Minute Zeit.*

**Präsentation**

**Frühe Förderung**

Bildungshaus Lurup

gegen das Prinzip „___0___"

**Ihre Lösungen**

0  Arm gleich abgehängt

---

Familien in Armut, mit Migrationshintergrund oder Alleinerziehenden

heißt für Kinder ___65___

Im Bildungshaus:

Krippe, ___66___, Eltern-Kind-Zentrum,

diverse soziale Dienste, Grundschule

65 _____

66 _____

---

Laut Pisa-Studie Lernerfolg stark abhängig

von ___67___

Förderungen für die „Vorläufer-Fähigkeiten":

Mengenverständnis, ___68___,

Konzentration und Aufmerksamkeit

67 _____

68 _____

| Präsentation | Ihre Lösungen |
|---|---|
| Bildungshaus Lurup viele Kinder können kaum Deutsch beim Kita-Start<br><br>**Lösung: bewusste ___69___ im Alltag**<br><br>Erfolge: Lesekompetenzen verbessert<br>Noch zu verbessern: ___70___ | 69 _____<br><br>70 _____ |
| Zahlen, Diagnosen, Vergleichstests werden verwendet,<br><br>**um ___71___ zu dokumentieren.**<br><br>**___72___ geben Kinder häufiger in die Krippe**<br>Zahl der Kinder im Kindergarten fast gleich | 71 _____<br><br>72 _____ |
| Das Bildungshaus Lurup setzt auf:<br><br>**___73___**<br><br>denn ohne sie geht es nicht.<br>Soziale Probleme des Stadtteils steigen,<br>**Zahl der höheren Schulabschlüsse ___74___** | 73 _____<br><br>74 _____ |

*Sie haben jetzt fünf Minuten Zeit, um Ihre Antworten zu den Aufgaben 65–74 auf den Antwortbogen zu übertragen.*

## Schriftlicher Ausdruck

**Übertragen Sie diese Nummer auf den Antwortbogen S30, S. 5 und 7:**

| 0 | 0 | 0 | 0 | 0 | 0 |

Testversion

**Wenn Sie diese Nummer nicht übertragen, wird Ihre Prüfung nicht ausgewertet.**

### Schriftlicher Ausdruck

*Wählen Sie eines der folgenden zwei Themen. Schreiben Sie einen Text, in dem Sie Ihren eigenen Standpunkt dazu erarbeiten und argumentativ darlegen. Ihr Text soll mindestens 350 Wörter umfassen. Sie haben 70 Minuten Zeit.*

### Thema 1

In einer Seminararbeit sollen Sie das Thema **„Studieren über 50"** aus unterschiedlichen Perspektiven beleuchten.

*Sie können die unten stehenden Zitate zur Orientierung verwenden, aber auch andere Aspekte des Themas darlegen.*

*Argumentieren Sie überzeugend, führen Sie Beispiele an und gliedern Sie Ihren Text in Einleitung, Hauptteil und Schluss.*

> „Studieren im Alter hält das Gehirn fit und ermöglicht den Kontakt zu jungen Leuten."
>
> „Senioren halten oft den Unterricht mit Geschichten auf und haben wenig Respekt vor jüngeren Lehrkräften."

**oder**

### Thema 2

In einer Seminararbeit sollen Sie das Thema **„Gruppenarbeiten auf der Uni"** aus unterschiedlichen Perspektiven beleuchten.

*Sie können die unten stehenden Zitate zur Orientierung verwenden, aber auch andere Aspekte des Themas darlegen.*

*Argumentieren Sie überzeugend, führen Sie Beispiele an und gliedern Sie Ihren Text in Einleitung, Hauptteil und Schluss.*

> „Durch eine Gruppenarbeit können die Studierenden voneinander lernen und sich austauschen."
>
> „Bei den meisten Gruppenarbeiten arbeiten höchstens zwei Studierende fleißig, die anderen sehen zu."

## *Mündlicher Ausdruck*

## Mündliche Prüfung

**Aufbau der Mündlichen Prüfung**

Zu Beginn führen die Prüfenden und Teilnehmenden ein kurzes Gespräch, in dem sie sich miteinander bekannt machen.

**Teil 1A: Präsentation** (ca. 3 Minuten)

Teilnehmerin bzw. Teilnehmer A erhält ein Aufgabenblatt mit zwei Themen. Eines dieser Themen soll sie oder er in ca. 3 Minuten präsentieren. Die Notizen, die während der Vorbereitung gemacht wurden, dürfen während der Präsentation verwendet werden. Diese sollten jedoch nicht vom Blatt abgelesen werden. Während Teilnehmerin bzw. Teilnehmer A vorträgt, macht sich Teilnehmerin bzw. Teilnehmer B Notizen.

**Teil 1B: Zusammenfassung und Anschlussfragen** (ca. 2 Minuten)

Nach der Präsentation fasst die jeweils andere Teilnehmerin bzw. der jeweils andere Teilnehmer zusammen, was für sie bzw. ihn besonders bemerkenswert war. Es soll nicht eine eventuell bereits am Ende der Präsentation erfolgte Zusammenfassung wiederholt werden. Außerdem stellt sie bzw. er mindestens eine Frage zum Thema der Präsentation. Auch die Prüfenden dürfen Fragen stellen. Im Anschluss daran folgen die Präsentation der Teilnehmerin bzw. des Teilnehmers B und die Zusammenfassung mit Nachfrage seitens Teilnehmerin bzw. Teilnehmer A. Dazu dürfen während der Präsentation Notizen gemacht werden.

**Teil 2: Diskussion** (6 Minuten)

Für den zweiten Teil der Mündlichen Prüfung liegen vier Aufgabenblätter mit jeweils einer Aussage vor. Die Teilnehmenden erhalten jedoch nur ein Aufgabenblatt mit einer Aussage, über die sie miteinander diskutieren sollen. Es soll ein Austausch von Argumenten stattfinden. Falls die Diskussion nicht das erforderliche sprachliche Niveau erreicht, greifen die Prüfenden mit ergänzenden Fragen ein.

Teilnehmer/in A

## Teil 1A Präsentation (3 Minuten)

### Aufgabe

In einer Lehrveranstaltung Ihrer Universität sollen Sie eine Präsentation (ca. 3 Min.) halten. Wählen Sie eines der Themen aus. Sie können sich Notizen machen (Stichworte, keinen zusammenhängenden Text). Denken Sie auch an eine Einleitung und einen Schluss bzw. ein Fazit. Ihre Präsentation soll gut gegliedert sein und das Thema verständlich und ausführlich darstellen. Im Anschluss werden Ihnen Fragen gestellt.

### Themen

- Beschreiben Sie welchen Einfluss die sozialen Netzwerke auf zwischenmenschliche Beziehungen haben. Welche Vor- und Nachteile haben soziale Netzwerke? Bitte begründen Sie Ihre Meinung.

- Beschreiben Sie das Phänomen einer alternden Gesellschaft anhand eines Landes Ihrer Wahl. Was bedeutet eine alternde Gesellschaft für die jüngere Generation?

## Teil 1B Zusammenfassung und Anschlussfragen (2 Minuten)

### Aufgabe

- Machen Sie sich Notizen, während Ihre Partnerin / Ihr Partner ihre / seine Präsentation hält. Im Anschluss fassen Sie die Präsentation Ihrer Partnerin / Ihres Partners zusammen.

- Stellen Sie dann Ihrer Partnerin / Ihrem Partner Anschlussfragen.

## Teilnehmer/in B

### Teil 1A Präsentation (3 Minuten)

**Aufgabe**

In einer Lehrveranstaltung Ihrer Universität sollen Sie eine Präsentation (ca. 3 Min.) halten. Wählen Sie eines der Themen aus. Sie können sich Notizen machen (Stichworte, keinen zusammenhängenden Text). Denken Sie auch an eine Einleitung und einen Schluss bzw. ein Fazit. Ihre Präsentation soll gut gegliedert sein und das Thema verständlich und ausführlich darstellen. Im Anschluss werden Ihnen Fragen gestellt.

**Themen**

- Welche Eigenschaften und Erfahrungen sind auf dem Arbeitsmarkt eines Landes Ihrer Wahl von Bedeutung? Begründen Sie Ihre Meinung.
- Erläutern Sie eine Methode, um Fremdsprachen zu lernen. Welche Vor- und Nachteile hat diese Methode? Welche Erfahrungen haben Sie mit dieser Methode gemacht?

### Teil 1B Zusammenfassung und Anschlussfragen (2 Minuten)

**Aufgabe**

- Machen Sie sich Notizen, während Ihre Partnerin / Ihr Partner ihre / seine Präsentation hält. Im Anschluss fassen Sie die Präsentation Ihrer Partnerin / Ihres Partners zusammen.
- Stellen Sie dann Ihrer Partnerin / Ihrem Partner Anschlussfragen.

**Teilnehmer/in A / B / (C)**

**Teil 2 Diskussion** (6 Minuten)

Diskutieren Sie mit Ihrer Partnerin oder Ihrem Partner über:

## Weisheit lernt man nicht aus Büchern.

-unbekannt-

**Aufgabe**

- Wie verstehen Sie diese Aussage?

- Inwiefern teilen Sie diese Ansicht?

- Geben Sie dazu Gründe und Beispiele an.

- Gehen Sie auch auf die Argumente Ihrer Partnerin/Ihres Partners ein.

# Modelltest 3

듣기 시험 음성 QR코드는 첫 번째 듣기 문제 시작 부분에 있습니다.

## Leseverstehen Teil 1

*Lesen Sie den folgenden Text. Welche der Sätze a–h gehören in die Lücken 1–6? Es gibt jeweils nur eine richtige Lösung. Zwei Sätze können nicht zugeordnet werden. Markieren Sie Ihre Lösungen für die Aufgaben 1–6 auf dem Antwortbogen.*

*Lücke (0) ist ein Beispiel.*

Sie lesen folgenden Zeitungsartikel zur Vorbereitung für eine Diskussion in Ihrem Debattierkurs zu dem Thema „Alternative Möglichkeiten um $CO_2$ aus der Atmosphäre zu entfernen".

### Bakterien bilden Industriechemikalien aus Abgasen

US-Forscher haben einen Weg gefunden, die Produktion wichtiger Chemikalien klimafreundlicher zu machen – und die Emissionen von Stahlschloten gleich mit. _____0_____
Ein neues biotechnologisches Verfahren bietet eine klimafreundliche Alternative zur Herstellung der Chemikalien Azeton und Isopropanol. Eine Forschergruppe produziert die Substanzen mithilfe von Bakterien aus den Abgasen eines Stahlwerks. Dadurch gelangt das Treibhausgas Kohlendioxid ($CO_2$) nicht in die Atmosphäre. _____1_____ Das Team um Michael Jewett von der Northwestern University in Evanston und Michael Köpke von der Firma LanzaTech in Skokie (beide im US-Bundesstaat Illinois) stellt das Verfahren im Fachmagazin „Nature Biotechnology" vor.
Azeton ist eine Grundchemikalie, die als industrielles Lösungsmittel und als Vorstufe für Acrylglas und andere Kunststoffe verwendet wird. _____2_____ Mit diesen Desinfektionsmitteln werden Viren wie etwa das Coronavirus Sars-CoV-2 bekämpft. Das Marktvolumen für diese beiden Chemikalien geben die Forscher mit zehn Milliarden Dollar an. Bisher sind Erdöl und Erdgas für die industrielle Herstellung der Chemikalien notwendig. Zudem sind die Prozesse energieaufwendig und führen zu klimaschädlichen Abgasen und gefährlichen Abfällen.
„Die entwickelten Azeton- und Isopropanol-Herstellungswege werden die Entwicklung anderer neuer Produkte beschleunigen, indem sie den Kohlenstoffkreislauf für ihre Verwendung in mehreren Branchen schließen", wird Jennifer Holmgren, Geschäftsführerin der Firma LanzaTech, in einer Mitteilung ihres Unternehmens zitiert. Viele der Studienautoren waren bereits daran beteiligt, Ethanol (den Alkohol in Bier und Wein, der auch als Treibstoff genutzt wird) mithilfe des Bakteriums Clostridium autoethanogenum herzustellen. _____3_____
Für die neue Aufgabe veränderten sie das Bakterium nun biotechnologisch. _____4_____ In nachfolgenden Experimenten schalteten sie Gene aus, die etwa zur Herstellung unerwünschter Nebenprodukte führen. Sie verdoppelten zudem ein Gen, das die gewünschte Reaktion begrenzt - so konnten sie den Ertrag an Azeton und Isopropanol enorm steigern.
Schließlich übertrugen sie das Verfahren aus einem Zweilitergefäß im Labor in einen 120-Liter-Tank für den industriellen Prozess. Als der Prozess störungsfrei lief, führten sie eine Lebenszyklusanalyse durch: _____5_____ In Kilogramm $CO_2$-Äquivalent pro Kilogramm Chemikalie gemessen, ergab sich für Azeton ein Wert von minus 1,78 und für Isopropanol von minus 1,17. Die Werte sind negativ, weil mehr $CO_2$ eingebunden als ausgestoßen wird. Bei den herkömmlichen Produktionsverfahren liegen die Werte bei 2,55 (Azeton) und 1,85 (Isopropanol), was größere Treibhausgasemissionen bedeutet.
„Die Schaffung eines zirkulären oder sogar netto negativen Industriesektors durch neuartige Ansätze der synthetischen Biologie wird die Klimakrise nicht allein lösen, aber sie kann einige der am schwierigsten kohlenstofffrei zu gestaltenden Teile der Weltwirtschaft angehen", schreiben Corinne Scown und Jay Keasling vom Lawrence Berkeley National Laboratory in Berkeley (Kalifornien, USA) in einem Kommentar, ebenfalls in „Nature Biotechnology". Sie verweisen darauf, dass der größte Vorteil des neuen Verfahrens darin liegen könnte, dass mit ihm drei und künftig vielleicht mehr Produkte hergestellt werden können. _____6_____

*Quellenangabe: © dpa, für Lehrzwecke bearbeitet*

**Beispiel:**

z   Das Geheimnis liegt in gentechnisch veränderten Bakterien.

a   Denn dadurch könne ein Produzent flexibel auf die Bedürfnisse des Weltmarkts reagieren.

b   Zunächst recherchierten sie dazu in Gendatenbanken.

c   Dieses Verfahren ist allerdings sehr gefährlich.

d   Isopropanol ist Bestandteil von Medikamenten, Kosmetika und auch von Desinfektionsmitteln.

e   Wie ist die $CO_2$-Bilanz von den Rohstoffen bis zum fertigen Produkt?

f   Das Verfahren ist aber noch nicht ausreichend getestet und darf noch nicht verwendet werden.

g   Somit ist das Verfahren nicht nur klimaneutral, sondern spart sogar $CO_2$ ein.

h   Das seit Kurzem industriell genutzte Verfahren diente den Forschern als Ausgangspunkt.

## Leseverstehen Teil 2

*Lesen Sie den folgenden Text. In welchem Textabsatz a–e finden Sie die Antworten auf die Fragen 7–12?*
*Es gibt jeweils nur eine richtige Lösung. Jeder Absatz kann Antworten auf mehrere Fragen enthalten.*
*Markieren Sie Ihre Lösungen für die Aufgaben 7–12 auf dem Antwortbogen.*

**Beispiel:**

In welchem Abschnitt …

0   informiert der Autor über seine aktuellen Umstände?

In welchem Abschnitt …

7   äußert der Autor Kritik?

8   deutet der Autor an, dass er nicht alleine ist?

9   warnt der Autor vor einer möglichen Zukunft?

10   ist der Autor zynisch?

11   erinnert sich der Autor zurück?

12   unterstützt der Autor seine Meinung mit Fakten?

**Das muss man sich leisten (können)**

**a**
„Mach lieber was Sicheres!", sagt mein Vater am Küchentisch, als ich mit 17 davon träume, Journalist zu werden. „Ärzte, Lehrer, die werden gebraucht." Mit dem Zeigefinger pocht er auf den Tisch. Ich, ein Schlaks, voller Ideale, bin in der 12. Klasse. Ich habe noch ein Jahr bis zum Abitur an einem Brandenburger Gymnasium. Die Was-willst-du-werden-Frage stellt sich drängender und der Küchentisch zwischen uns wächst zur Verhandlungsfläche. Meine Noten? Sehr gut. Alle Möglichkeiten stehen mir offen. Aber Journalismus? Mein Vater schüttelt den Kopf.
Mein Vater ist Zimmermeister, meine Mutter Vermessungstechnikerin, sie sind beide in Ostdeutschland aufgewachsen. Sie war erst Tänzerin am Berliner Friedrichstadtpalast, schulte dann um. Er wollte Architektur studieren, wurde in der DDR aber trotz guter Noten nicht zum Abitur zugelassen.
Heute weiß ich, was mein Vater damals meinte. Doch bis ich zu der Erkenntnis komme, dauert es. Zunächst lasse ich meinen Traum fallen, höre auf meine Eltern und beginne ein duales Studium beim Pharmakonzern Bayer. Aber es ist nicht das Richtige für mich. Ich kündige. Befreiend.

**b**
Dann Studienwechsel. BAföG und Kindergeld halten mich über Wasser. Ich mache nebenher Praktikum nach Praktikum. Ich bekomme nach dem Hochschulabschluss Absagen für Volontariate, doch dann schaffe ich es an eine Journalistenschule. Die Ausbildung wird nicht bezahlt, ich kann sie nur machen, weil ich ein Stipendium bekomme. Andere haben dieses Glück nicht, viele wurden schon ausgesiebt.
Jetzt bin ich im aktuellen Jahrgang der Evangelischen Journalistenschule, wir sind 16 Leute. Zurzeit machen wir

Praktika bei öffentlich-rechtlichen Rundfunksendern. 11 von 16 bekommen momentan kein Geld. Laut Vertrag habe auch ich keinen Anspruch auf Vergütung für das dreimonatige Praktikum. Die Arbeitseinsätze sind Teil der Ausbildung, das praktische Lernen steht im Vordergrund. Aber niemand fragt sich, wovon man lebt. Irgendwoher wird das Geld schon kommen.

**c**

Meine zweite Woche im aktuellen Praktikum: An einem Morgen meldet sich eine Redakteurin krank. Ich springe drei Tage für sie im Studio ein, wo live Radio gemacht wird - sehr gern, das ist eine gute Erfahrung. Man dankt mir für den Einsatz und ich bin froh, Wichtiges beizutragen. Eine Kollegin ermutigt mich, nach einem Honorar zu fragen, eben weil ich eine Redakteurin vertreten habe. Ich frage also. Da heißt es, ich sei nicht vollwertig eingesprungen. Geld gebe es nur nach Ermessen.

Ich bin wütend, twittere und fühle mich dabei wie ein Trump mit guter Absicht. Unter dem Hashtag #unfÖR schildern Hunderte ähnliche Erfahrungen. Sie erzählen davon, wie sie als Praktikanten kein Geld, dafür weniger als einen Euro Ermäßigung in der Kantine bekamen, wie sie unterstützt werden mussten, wie sie mit Nebenjobs ihre Ausbildung finanzierten - es ist Wahnsinn mit Methode.

**d**

Bildet sich ein elitärer Journalismus heraus? Ich konnte mich nur auf dieses Praktikum einlassen, weil ich ein Stipendium erhalte. Andere können das nicht. Journalisten werden dann meistens die gleichen Leute: Die, die es sich leisten können. Das ist nicht nur unfair, sondern auch fatal für die Demokratie. Weil Stimmen fehlen, weil Perspektiven und Lebenserfahrungen im öffentlichen Diskurs nicht auftauchen. Journalismus darf kein elitäres Projekt sein, sonst setzt sich soziale Ungleichheit fort.

„Das größte Lebensrisiko sind die eigenen Eltern", schreibt Martin Spiewak in der „Zeit". Ich habe meine Eltern nie als Risiko gesehen. Sie haben mir Werte vermittelt, wie wichtig Bildung sei, Gerechtigkeit, Bescheidenheit, sich anzustrengen und zusammenzuhalten. Doch in kaum einem anderen Industrieland hängt die persönliche Zukunft so sehr von der Herkunft ab wie in Deutschland.

**e**

Für alle Kinder die gleichen Chancen? Laut einer Studie des Deutschen Zentrums für Hochschul- und Wissenschaftsforschung gelingt nur 27 von 100 Nichtakademikerkindern der Sprung an die Hochschule. Dagegen schaffen es 79 von 100 Kindern studierter Eltern. Das setzt sich fort und bringt immer ähnliche Leute in Machtpositionen in den Medien, in der Politik, in den Vorständen, in der Wissenschaft.

Wenn eine große Tageszeitung acht Praktikanten für etwa 400 Euro im Monat zur selben Zeit im Lokalteil beschäftigt, wie ich es selbst erlebt habe, dann geht es nicht um ein Geben und Nehmen, sondern darum, Stellen sparen zu können. Auch die Öffentlich-Rechtlichen müssen sparen. Doch sie sind durch Beiträge finanziert und haben einen demokratischen Auftrag. Praktikanten zu bezahlen, sollte ihnen eine Verpflichtung sein. Zahlen sie nichts, schrecken sie viel Nachwuchs ab.

Wen schließt dieses System alles aus? Wer versucht es erst gar nicht? Irgendwann bewegt sich Journalismus nur noch in seiner eigenen Blase und seine Repräsentanten tun verwundert, wenn sich Teile der Bevölkerung frustriert von ihnen abwenden, weil sie sich nicht mehr repräsentiert fühlen.

Quellenangabe: DER SPIEGEL (online), Tobias Hausdorf, 01.12.2019, für Lehrzwecke bearbeitet[7]

## Leseverstehen Teil 3

*Lesen Sie den folgenden Text und die Aussagen 13–23. Welche der Aussagen sind richtig (+), falsch (–) oder gar nicht im Text enthalten (x)? Es gibt jeweils nur eine richtige Lösung. Markieren Sie Ihre Lösungen für die Aufgaben 13–23 auf dem Antwortbogen.*

_____ (ÜBERSCHRIFT)

Mit 600.000 Teilnehmern war es der größte Wissenstest, den es jemals in Deutschland gegeben hat. Forscher haben die Studentenpisa-Ergebnisse jetzt gründlich analysiert – und auch nach der Lösung eines Rätsels gesucht: Warum bloß schneiden Frauen so viel schlechter ab als Männer?

Warum eigentlich platzt eine Bierflasche im Gefrierschrank? Wie heißt doch gleich der aktuelle Uno-Generalsekretär, und auf welchen Ökonomen berufen sich noch mal die Verfechter staatlicher Konjunkturprogramme? Fragen über Fragen, mit denen der SPIEGEL-Verlag und studiVZ im vergangenen Jahr Hunderttausende Deutsche unterhielten – und auch malträtierten. Nur 26 von mehr als 600.000 Teilnehmern schafften es, alle Aufgaben des großen Studentenpisa-Tests zu lösen, alle anderen mussten sich die eine oder andere Wissenslücke eingestehen.

Was das über die Allgemeinbildung in Deutschland aussagt, haben Wissenschaftler aus mehreren Staaten jetzt genauer untersucht. Die Redaktion hatte ihnen die Studentenpisa-Daten für vertiefende Analysen zur Verfügung gestellt, zahlreiche Expertenteams verschiedener Disziplinen suchten daraufhin nach neuen Erklärungen und Erkenntnissen. „Was die SPIEGEL-Redaktion aus journalistischem Interesse erhoben hatte, sollte mit wissenschaftlicher Expertise noch weitergehender analysiert werden", heißt es im Vorwort des neuen wissenschaftlichen Bands. Das Buch wird von der Hamburger Professorin Sabine Trepte und SPIEGEL-Redakteur Markus Verbeet herausgegeben und enthält unter anderem neue Rankings. Erstmals werden Ergebnisse für jedes der fünf Fachgebiete veröffentlicht, die im Test eine Rolle spielten: Politik, Geschichte, Wirtschaft, Kultur und Naturwissenschaften.

„Wir fanden deutliche Wissensunterschiede bei den Studierenden verschiedener Hauptfächer", schreiben die beiden österreichischen Autoren Walter Renner (Hall in Tirol) und Marco Johannes Maier (Wien). Ihre Auswertungen zeigen das außerordentlich schlechte Abschneiden der Sportstudenten in allen fünf Fachgebieten, unterboten werden sie nur in einem Teilbereich von den Informatikern. Politik- und Geschichtsstudenten belegen hingegen fast immer vordere Plätze, nur bei den Naturwissenschaften patzten sie ein wenig. In den Naturwissenschaften „sehen wir eine radikale Abweichung zu den vorherigen Mustern", analysieren Renner und Maier. Hier würden „Studierende der Biologie, Physik, Medizin und verwandter Fächer die höchsten Werte erzielen".

Das ist ein durchaus naheliegendes Resultat: Geschichtsstudenten kennen sich eben besser mit Geschichte aus, Naturwissenschaftsstudenten mit Naturwissenschaften. Weitaus schwieriger zu erklären ist ein anderes Studentenpisa-Ergebnis, das nach seiner Veröffentlichung im SPIEGEL und bei SPIEGEL ONLINE im vergangenen Jahr für viele angeregte Diskussionen sorgte: das schlechte Abschneiden der Frauen. Sie beantworten im Durchschnitt 21,5 von 45 Fragen richtig, Männer hingegen 26,5. „Dramatische Differenz", schrieb der SPIEGEL und konstatierte eine klaffende „Wissenslücke zwischen den Geschlechtern".

Der Unterschied offenbarte sich bei zahlreichen Aufgaben. Wurde das Foto des bekanntesten Bankers Deutschlands gezeigt, vermochten 52 Prozent der Studenten und weniger als 20 Prozent der Studentinnen den Namen anzugeben (Josef Ackermann). Den EU-Kommissionspräsidenten José Manuel Durão Barroso (Stand 2010) erkannte jeder dritte Student, aber nicht einmal jede siebte Studentin. Umgekehrt wussten 88 Prozent der Studentinnen, aber nur 78 Prozent der Studenten, was als „Trisomie 21" bezeichnet wird (das Down-Syndrom). Spitzenwerte erreichten die Frauen auch bei der Frage nach einer Popsängerin: Wer hat seine Karriere nicht

in der Kindersendung „Mickey Mouse Club" begonnen? 83 Prozent der Studenten und sogar 92 Prozent der Studentinnen tippten richtig - Beyoncé Knowles.
Am Ende der Auswertungen aber stand der Fünf-Punkte-Unterschied zwischen den Geschlechtern. Für Fachleute nicht unbedingt eine riesige Überraschung: Die Ergebnisdifferenz „in Intelligenz- und Leistungstests führt seit der Entwicklung der ersten Intelligenztests im frühen 20. Jahrhundert zu hitzigen Debatten unter Wissenschaftlern", heißt es in dem Buchbeitrag von Carolin Strobl und Julia Kopf (München) sowie Achim Zeileis (Innsbruck).

Über die Gründe herrscht freilich keine Einigkeit. Manche nehmen an, dass Männer schon deshalb besser abschneiden, weil sie einen solchen Test schlicht ernster nehmen und selbstbewusster angehen. Höhere Motivation führt zu besseren Ergebnissen - die Männer gewinnen, weil sie gewinnen wollen. Zudem dürften sich bei den Probanden unterschiedliche Interessen bemerkbar machen. Allgemein könne von einer „Wechselwirkung zwischen Interessen und Wissen ausgegangen werden", heißt es im Beitrag von Verena S. Bonitz, Patrick Ian Armstrong und Lisa M. Larson (Iowa State University, USA). Denn wen ein Thema interessiert, der beschäftigt sich damit und weiß dann auch mehr darüber, was wiederum sein Interesse wachsen lässt.
Eine Analyse der Studentenpisa-Daten zeigt nun, dass Männer bei den Aufgaben aus Politik und Wirtschaft besonders stark punkteten, während Frauen bei etlichen Fragen zu Kultur und Naturwissenschaften besser abschnitten. Frauen haben demnach kein geringeres, sondern nur ein anderes Wissen - das aber beim Fragenkatalog des Studentenpisa-Tests einfach nicht gleichrangig zur Geltung kam. Die Erklärungen für den feinen Unterschied in den Ergebnissen weisen mithin weit über den Test hinaus. Denn die Analysen erklären nicht, warum Männer sich offenbar mehr für Politik interessieren und warum Frauen ihre Zeit lieber in Naturwissenschaften investieren. Der alte Kampf der Geschlechter kann also weitergehen.

In den weiteren Aufsätzen des neuen Bands beschäftigen sich die Autoren auf sehr unterschiedliche Weise mit dem Studentenpisa-Test. Wissenschaftler aus Darmstadt stellen innovative grafische Analysetechniken vor, die den Datensatz in bunte Muster verwandeln; Test-Experten aus Bochum unterziehen die Methodik des Studentenpisa-Tests einer kritischen Prüfung, und zwei Teams der Universitäten Hohenheim und Duisburg-Essen untersuchen den Zusammenhang von Mediennutzung und Allgemeinwissen, also unter anderem die Behauptung: SPIEGEL-Leser wissen mehr.
Das Buch enthält darüber hinaus den Beitrag eines leitenden OECD-Mitarbeiters, der die Pläne seiner Organisation zur Messung der Lernergebnisse von Studenten vorstellt, und es dokumentiert den vollständigen Studentenpisa-Fragenkatalog samt der Antworten. So kann jeder nachlesen, dass eine Bierflasche im Gefrierschrank platzt, weil sich die Flüssigkeit beim Gefrieren ausdehnt, der Uno-Generalsekretär Ban Ki Moon (Stand 2010) heißt und sich die Verfechter staatlicher Konjunkturprogramme auf John Maynard Keynes berufen.

Prominentester Autor des neuen Bands ist ein Mann, der mit seinem Allgemeinwissen viel Geld verdienen konnte: Eckhard Freise, Geschichtsprofessor aus Wuppertal. Er hatte als erster Kandidat in Jauchs Quizshow „Wer wird Millionär?" den Höchstgewinn abgeräumt. In seinem Essay setzt er sich unter anderem mit der Beliebtheit von Wissenstests auseinander: „Das Volk der Internet-User liebt somit sportiv betriebene Ratespiele, bei denen etwas herumkommt, Geld, ein bisschen Zufriedenheit mit sich selbst und Ansehen vor den Anderen, Sozialprestige als Form symbolischen Kapitals."
Allerdings: „Im Falle arger Erfolglosigkeit droht der freie Absturz in den Ascheimer der Blamage - oder gar Schlimmeres", schreibt der Historiker und erinnert an die grausamsten Quizmaster der Kulturgeschichte: die dämonenhafte Sphinx von Theben, die unbedarfte Wanderer zu erwürgen pflegte, und die chinesische Prinzessin Turandot, die einfallslose Freier köpfen ließ.

Quellenangabe: DER SPIEGEL (online), 26.11.2010, für Lehrzwecke bearbeitet[8]

*Welche der Aussagen sind richtig (+), falsch (–) oder nicht im Text enthalten (x)?*

**13** Der Studentenpisa-Test ist ein offizieller Nebentest der PISA-Studie.

**14** Der Test wurde in verschiedenen Ländern durchgeführt.

**15** Die Ergebnisse des Tests wurden für wissenschaftliche Analysen freigegeben.

**16** Sportstudenten kennen sich in dem Gebiet Geschichte besser aus als Informatikstudenten.

**17** Politik- und Geschichtsstudenten können in allen Bereichen beste Ergebnisse erziehlen.

**18** Im Durchschnitt schnitten Männer beim Studentenpisa besser ab als Frauen.

**19** Frauen haben mehr Punkte in den Bereichen Geschichte und Kultur erzielt.

**20** Der Grund für den Interessenunterschied konnte durch die Analyse nicht ausgewertet werden.

**21** Die Behauptung „SPIEGEL-Leser wissen mehr" wurde widerlegt.

**22** In dem Kapitel eines leitenden OECD-Mitarbeiters kann man alle Antworten nachlesen.

**23** Eckhard Freise, der erste „Wer wird Millionär?"-Gewinner, hat auch einen Beitrag zu dem Buch geleistet.

*Welche der Überschriften a, b oder c trifft die Aussage des Textes am besten? Markieren Sie Ihre Lösung für die Aufgabe 24 auf dem Antwortbogen.*

**24**  **a** Der feine Unterschied
     **b** Wissenstest bevorzugen Männer
     **c** Männer sind intelligenter als Frauen

## Sprachbausteine

*Lesen Sie den folgenden Text. Welche Lösung (a, b, c oder d) ist jeweils richtig? Markieren Sie Ihre Lösungen für die Aufgaben 25–46 auf dem Antwortbogen. Lücke (0) ist ein Beispiel.*

### Nach 14 Jahren Anstieg ein Plateau

Die Anzahl __0__ Studierenden steigt in Deutschland nur noch marginal. Die letzten 14 Jahre war der Anstieg deutlich spürbar. Ein Grund dafür ist Zahl der Studienanfänger und -anfängerinnen. Sie ist nun schon __25__ Jahr in Folge gesunken. __26__ Statistischem Bundesamt hat dies demografische sowie pandemiebedingte Ursachen.

Die Zahl der Studierenden ist im Vergleich zum Vorjahr fast unverändert __27__. Die Zahl hat sich nur um 3400 Studenten, sprich um 0,1 Prozent, __28__ 2 947 500 Studierende erhöht. Damit wurde der __29__ Anstieg seit dem Wintersemester 2007/2008 erstmals abgebremst.

Die Entwicklung unterscheidet sich __30__ Hochschularten. So sind auf der einen Seite __31__ Universitäten und gleichrangigen Hochschulen circa zwei Prozent weniger Studierende als im Vorjahr eingeschrieben. Auf der anderen Seite freuen sich Fachhochschulen __32__ einen Zuwachs von etwa drei Prozent __33__ dem Vorjahr.

Die Zahl der Studienanfängerinnen und -anfänger sinkt __34__ die Gesamtzahl der Studierenden in Deutschland. So geht die Zahl der Studienanfängerinnen und -anfänger schon __35__ Jahren deutlich zurück. In diesem Wintersemester gab es vier Prozent weniger Neuimmatrikulationen als im __36__. Dies liegt zum einen an demografischen Entwicklungen. In den letzten vier Jahren ist die Bevölkerungsgruppe der 17- bis 22-Jährigen um fünf Prozent __37__ geworden.

Zudem fallen aufgrund der Coronapandemie viele __38__ Studenten weg. Im Jahr 2020 waren es 22 Prozent __39__ Gaststudierende. __40__ der Situation werden auch wieder mehr Studierende __41__ an den deutschen Hochschulen erwartet.

__42__ die Zahl der Studienanfängerinnen und -anfänger gesunken ist, ist dieses Jahr die Zahl der Studienberechtigten im Jahr 2021 __43__ drei Prozent gestiegen. Dies kommt allerdings durch einen starken Anstieg in Niedersachsen, dort __44__ der achtjährige Bildungsgang 2020 aufgehoben und __45__ Bildungsgang wieder eingeführt. Der achtjährige Bildungsgang hatte zu weniger Studienberechtigten geführt. Ohne diesen Effekt sind die Zahlen der Studienberechtigten deutschlandweit um zwei Prozent gesunken. Dies liegt vor allem __46__ Entwicklungen. Die relevante Altersgruppe (17-19 Jahre) ist um drei Prozent gegenüber dem Vorjahr geschrumpft.

**Beispiel**

0   a von immatrikulierte
    b der immatrikulierten
    c die immatrikulierte
    d die immatrikulierten

25  a im vierten
    b in das vierte
    c seit vier
    d vor vier

26  a Sprich dem
    b Nach
    c Laut dem
    d Entsprechend dem

27  a gebleiben
    b bleiben
    c geblieben
    d blieben

28  a auf
    b um
    c mit
    d durch

29  a vorhergehend kontinuierlich
    b vorhergehende, kontinuierliche
    c kontinuierlich vorhergehende
    d vorhergehende kontinuierliche

30  a im anderen
    b durch die verschiedenen
    c mit den anderen
    d in den verschiedenen

31  a auf
    b an
    c in
    d für

32  a auf
    b mit
    c über
    d für

33  a gegenüber
    b im Gegensatz
    c gegenteil
    d unterschiedlich

34  a stärker wie
    b stärker als
    c stark wie
    d stark als

35  a im vierten
    b in das vierte
    c seit vier
    d vor vier

36  a vorher Jahr
    b Jahr zuvor
    c vor Jahr
    d Jahr vorher

37  a geringer
    b weniger
    c schmaler
    d kleiner

38  a ausländische
    b ausland
    c ausländer
    d ausländischen

39  a geringer
    b weniger
    c schmaler
    d kleiner

40  a Vor einer Besserung
    b Für die Besserung
    c Mit einer Besserung
    d Zu der Besserung

41  a aus einem Ausland
    b aus den Ausländern
    c aus vielen Ausländern
    d aus dem Ausland

42  a Weil
    b Obwohl
    c Da
    d Nachdem

43  a um
    b dank
    c für
    d durch

44  a wurde
    b werde
    c würde
    d wird

45  a dem neunjährigen
    b der neunjährige
    c den neunjährigen
    d des neunjährigen

46  a den demografischen
    b demografischen
    c an einer demografischen
    d an demografischen

# Hörverstehen Teil 1

 **듣기 시험 음성 QR**
재생시간은 듣기시험 전체 재생시간과 동일하며, 중단 없이 들으면서 동시에 문제를 풀어야 합니다.

*Sie hören die Meinungen von acht Personen. Sie hören die Meinungen nur einmal. Entscheiden Sie beim Hören, welche Aussage (a–j) zu welcher Person (Sprecher/-in 1–8) passt. Zwei Aussagen passen nicht.*

*Markieren Sie Ihre Lösungen für die Aufgaben 47–54 auf dem Antwortbogen.*

*Lesen Sie jetzt die Aussagen a–j. Sie haben dazu eine Minute Zeit.*

a  Arbeit und Uni lassen sich nur schwer unter einen Hut bringen.

b  Der Sprecher / Die Sprecherin würde sich gerne anders finanzieren.

c  Der Sprecher / Die Sprecherin ist nicht dankbar für die Unterstützung der Eltern.

d  Der Sprecher / Die Sprecherin ist froh, dass es in Deutschland keine Studiengebühren gibt.

e  Trotz Stipendium kann man ohne die Unterstützung der Eltern nur schwer studieren.

f  Der Sprecher / Die Sprecherin spart, um sich größere Dinge zu leisten.

g  Die persönliche Unabhängigkeit ist wichtiger als ein entspanntes Leben.

h  Eltern sollten ihren Kindern eine Wohnung fürs Studieren kaufen.

i  Der Sprecher / Die Sprecherin muss weder Miete noch Lebensmittel zahlen.

j  Mit einem Darlehen zu studieren, ist praktisch, da man seine Finanzen selbst in die Hand nimmt.

# Hörverstehen Teil 2

*Sie hören eine Radiosendung. Sie hören die Sendung nur einmal. Entscheiden Sie beim Hören, welche Aussage (a, b oder c) am besten passt. Markieren Sie Ihre Lösungen für die Aufgaben 55–64 auf dem Antwortbogen.*

*Lesen Sie jetzt die Aufgaben 55–64. Sie haben dazu drei Minuten Zeit.*

55 Die Studienberatung der Uni Köln
   a  richtet sich an alle, die an ihrer Studienwahl zweifeln.
   b  wurde speziell für Studienabbrecher eingerichtet.
   c  berät Studienanfänger bei der Wahl ihres Studiums.

56 Laut Frau Dunkel
   a  treffen viele Studierende schon im ersten Semester die richtige Wahl.
   b  ist es sehr gewöhnlich, an seiner Entscheidung zu zweifeln.
   c  brechen die meisten Zweifler ihr Studium sofort ab.

57 Für eine Beratung von Frau Dunkel
   a  muss man sich zuerst online anmelden.
   b  muss man ins Beratungszentrum kommen.
   c  muss geklärt werden, ob die Studierenden das Studium abbrechen wollen.

58 Vor der Beratung
   a  muss nur der Zeitpunkt der Beratung geklärt werden.
   b  brauchen die Berater Informationen über die Motivation der Studierenden.
   c  brauchen die Berater Informationen, um sich auf die Beratung vorzubereiten.

59 Frau Dunkel rät Studierenden
   a  immer von einem Studienabbruch ab.
   b  in höheren Semestern länger über die Entscheidung nachzudenken.
   c  im ersten Semester das Studium einfach abzubrechen.

60 Die Prüfungszeit
   a  ist eine gute Zeit, um über die Studienwahl nachzudenken.
   b  ist die beste Zeit, um ein Studium abzubrechen.
   c  ist eine sehr belastende Zeit, deshalb sollten große Entscheidungen verschoben werden.

61 Die häufigsten drei Gründe für einen Studienabbruch sind
   a  mangelnde Motivation, psychische Probleme und finanzielle Gründe.
   b  mangelnde Befähigung und Motivation, finanzielle Gründe und neue Prioritäten.
   c  finanzielle Gründe, familiäre und persönliche Probleme.

62 In der Beratungsstelle wird
   a  den Studierenden gezeigt, wie sie die Probleme überwinden sollen.
   b  versucht, die Studierenden davon zu überzeugen, weiter zu studieren.
   c  versucht, den Studierenden dabei zu helfen, ihren Traum zu erfüllen.

63 Frau Dunkel empfiehlt als Alternative zum Studium
   a  immer etwas, das zur Situation des Studierenden passt.
   b  immer eine praktische Berufsausbildung in einem ähnlichen Bereich.
   c  meist den direkten Einstieg in das Berufsleben.

64 Nach einem Studienabbruch muss man
   a  sofort mit etwas Neuem beginnen, sonst verliert man wichtige Zeit.
   b  sich neben administrativen Aufgaben auch um seine körperliche und mentale Gesundheit kümmern.
   c  erst einmal gar nichts machen, so kann man richtig abschalten.

## Hörverstehen Teil 3

*Sie hören einen Vortrag. Sie hören den Vortrag nur einmal. Sie haben Handzettel mit den Folien der Präsentation erhalten. Schreiben Sie die fehlenden Informationen stichwortartig in die freien Zeilen 65–74 in der rechten Spalte. Die Lösung 0 ist ein Beispiel.*

*Lesen Sie jetzt die Stichworte. Sie haben dazu eine Minute Zeit.*

**Präsentation**

**Robotertechnologie**
Vortrag

Wie Roboter ____0____

Humanoide Roboter bewegen sich
____65____

„Atlas" ist der
____66____ Humanoiden der Welt

Warum braucht man Humanoide?
____67____

____68____
sind eine Herausforderung für Humanoide

**Ihre Lösungen**

0  dem Menschen ähnlicher werden

65 _____

66 _____

67 _____

68 _____

| Präsentation | Ihre Lösungen |
|---|---|
| „Kengoro" hat ein ___69___ und muskelartige Vorrichtungen<br><br>Menschliche Muskelbewegungen könnten ___70___ werden. | 69 _____<br><br>70 _____ |
| Ansätze dazu:<br>**1. Verwendung einer ___71___**<br>die menschliche Bewegungen gespeichert hat.<br><br>2. Ähnlich dem menschlichen Gleichgewichtssinns:<br>___72___ | 71 _____<br><br>72 _____ |
| „Uncanny Valley"-Phänomen:<br>Roboter sind sympathischer, wenn<br>sie ___73___ sind,<br>bis zu einem gewissen Punkt | 73 _____ |
| Roboter mit<br>___74___<br>sind am unheimlichsten | 74 _____ |

*Sie haben jetzt fünf Minuten Zeit, um Ihre Antworten zu den Aufgaben 65–74 auf den Antwortbogen zu übertragen.*

## Schriftlicher Ausdruck

Übertragen Sie diese Nummer auf den Antwortbogen S30, S. 5 und 7:

| 0 | 0 | 0 | 0 | 0 | 0 |

Testversion

Wenn Sie diese Nummer nicht übertragen, wird Ihre Prüfung nicht ausgewertet.

### Schriftlicher Ausdruck

Wählen Sie eines der folgenden zwei Themen. Schreiben Sie einen Text, in dem Sie Ihren eigenen Standpunkt dazu erarbeiten und argumentativ darlegen. Ihr Text soll mindestens 350 Wörter umfassen. Sie haben 70 Minuten Zeit.

### Thema 1

In einer Seminararbeit sollen Sie das Thema **„Integrationskurse für Zuwanderer"** aus unterschiedlichen Perspektiven beleuchten.

*Sie können die unten stehenden Zitate zur Orientierung verwenden, aber auch andere Aspekte des Themas darlegen.*

*Argumentieren Sie überzeugend, führen Sie Beispiele an und gliedern Sie Ihren Text in Einleitung, Hauptteil und Schluss.*

> „Integrationskurse helfen den Zuwanderern, sich in der neuen Heimat zurechtzufinden."
>
> „Integrationskurse sind eine Zeitverschwendung. Je schneller die Zuwanderer arbeiten dürfen, desto schneller gewöhnen sie sich an die Kultur."

**oder**

### Thema 2

In einer Seminararbeit sollen Sie das Thema **„kostenlose Hochschulbildung"** aus unterschiedlichen Perspektiven beleuchten.

*Sie können die unten stehenden Zitate zur Orientierung verwenden, aber auch andere Aspekte des Themas darlegen.*

*Argumentieren Sie überzeugend, führen Sie Beispiele an und gliedern Sie Ihren Text in Einleitung, Hauptteil und Schluss.*

> „Kostenlose Bildung für alle bis zum Hochschulabschluss führt nur zu überlaufenen Unis mit schlechtem Lehrpersonal."
>
> „Kostenlose Bildung sorgt für Chancengleichheit unter den Studierenden und ist nötig für eine gerechte Welt."

# *Mündlicher Ausdruck*

## Mündliche Prüfung

**Aufbau der Mündlichen Prüfung**

Zu Beginn führen die Prüfenden und Teilnehmenden ein kurzes Gespräch, in dem sie sich miteinander bekannt machen.

**Teil 1A: Präsentation** (ca. 3 Minuten)

Teilnehmerin bzw. Teilnehmer A erhält ein Aufgabenblatt mit zwei Themen. Eines dieser Themen soll sie oder er in ca. 3 Minuten präsentieren. Die Notizen, die während der Vorbereitung gemacht wurden, dürfen während der Präsentation verwendet werden. Diese sollten jedoch nicht vom Blatt abgelesen werden. Während Teilnehmerin bzw. Teilnehmer A vorträgt, macht sich Teilnehmerin bzw. Teilnehmer B Notizen.

**Teil 1B: Zusammenfassung und Anschlussfragen** (ca. 2 Minuten)

Nach der Präsentation fasst die jeweils andere Teilnehmerin bzw. der jeweils andere Teilnehmer zusammen, was für sie bzw. ihn besonders bemerkenswert war. Es soll nicht eine eventuell bereits am Ende der Präsentation erfolgte Zusammenfassung wiederholt werden. Außerdem stellt sie bzw. er mindestens eine Frage zum Thema der Präsentation. Auch die Prüfenden dürfen Fragen stellen. Im Anschluss daran folgen die Präsentation der Teilnehmerin bzw. des Teilnehmers B und die Zusammenfassung mit Nachfrage seitens Teilnehmerin bzw. Teilnehmer A. Dazu dürfen während der Präsentation Notizen gemacht werden.

**Teil 2: Diskussion** (6 Minuten)

Für den zweiten Teil der Mündlichen Prüfung liegen vier Aufgabenblätter mit jeweils einer Aussage vor. Die Teilnehmenden erhalten jedoch nur ein Aufgabenblatt mit einer Aussage, über die sie miteinander diskutieren sollen. Es soll ein Austausch von Argumenten stattfinden. Falls die Diskussion nicht das erforderliche sprachliche Niveau erreicht, greifen die Prüfenden mit ergänzenden Fragen ein.

## Teilnehmer/in A

### Teil 1A Präsentation (3 Minuten)

#### Aufgabe

In einer Lehrveranstaltung Ihrer Universität sollen Sie eine Präsentation (ca. 3 Min.) halten. Wählen Sie eines der Themen aus. Sie können sich Notizen machen (Stichworte, keinen zusammenhängenden Text). Denken Sie auch an eine Einleitung und einen Schluss bzw. ein Fazit. Ihre Präsentation soll gut gegliedert sein und das Thema verständlich und ausführlich darstellen. Im Anschluss werden Ihnen Fragen gestellt.

#### Themen

- Sollten Lehrpersonen an Universitäten von den Studenten bewertet werden? Welche Vor- und Nachteile hat eine solche Beurteilung? Begründen Sie Ihre Meinung.
- Welche Faktoren beeinflussen Ihrer Meinung nach den beruflichen Werdegang? Begründen Sie Ihre Meinung.

### Teil 1B Zusammenfassung und Anschlussfragen (2 Minuten)

#### Aufgabe

- Machen Sie sich Notizen, während Ihre Partnerin / Ihr Partner ihre / seine Präsentation hält. Im Anschluss fassen Sie die Präsentation Ihrer Partnerin / Ihres Partners zusammen.
- Stellen Sie dann Ihrer Partnerin / Ihrem Partner Anschlussfragen.

**Teilnehmer/in B**

**Teil 1A Präsentation** (3 Minuten)

### Aufgabe

In einer Lehrveranstaltung Ihrer Universität sollen Sie eine Präsentation (ca. 3 Min.) halten. Wählen Sie eines der Themen aus. Sie können sich Notizen machen (Stichworte, keinen zusammenhängenden Text). Denken Sie auch an eine Einleitung und einen Schluss bzw. ein Fazit. Ihre Präsentation soll gut gegliedert sein und das Thema verständlich und ausführlich darstellen. Im Anschluss werden Ihnen Fragen gestellt.

### Themen

- Sollten Lernende vor Prüfungen Dopingkontrollen unterzogen werden? Welchen Einfluss hat Doping auf die Leistungsfähigkeit der Studenten? Begründen Sie Ihre Meinung.

- Welchen Einfluss hat die Globalisierung auf ein Land deiner Wahl. Welche Vor- und Nachteile hat die Globalisierung. Begründen Sie Ihre Meinung.

**Teil 1B Zusammenfassung und Anschlussfragen** (2 Minuten)

### Aufgabe

- Machen Sie sich Notizen, während Ihre Partnerin / Ihr Partner ihre / seine Präsentation hält. Im Anschluss fassen Sie die Präsentation Ihrer Partnerin / Ihres Partners zusammen.

- Stellen Sie dann Ihrer Partnerin / Ihrem Partner Anschlussfragen.

**Teilnehmer/in A / B / (C)**

**Teil 2 Diskussion** (6 Minuten)

Diskutieren Sie mit Ihrer Partnerin oder Ihrem Partner über:

> Die Ideen sind nicht für das verantwortlich, was die Menschen aus ihnen machen.

*Werner Heisenberg, 1901-1976, Physiker*

**Aufgabe**
- Wie verstehen Sie diese Aussage?
- Inwiefern teilen Sie diese Ansicht?
- Geben Sie dazu Gründe und Beispiele an.
- Gehen Sie auch auf die Argumente Ihrer Partnerin/Ihres Partners ein.

# Lösungen

# Modelltest 1

정답 해설   듣기 지문

## Leseverstehen

**Teil 1**

1 c   2 f   3 a   4 d   5 h   6 b

**Teil 2**

7 c   8 d   9 e   10 e   11 a   12 c

**Teil 3**

13 +   14 x   15 -   16 +   17 +   18 -

19 +   20 -   21 x   22 -   23 +   24 b

## Sprachbausteine

25 c   26 a   27 b   28 d   29 c   30 c

31 a   32 d   33 c   34 b   35 d   36 b

37 a   38 c   39 a   40 b   41 d   42 a

43 c   44 b   45 a   46 d

## Hörverstehen

**Teil 1**

47 g   48 d   49 b   50 j   51 c   52 h

53 e   54 i

**Teil 2**

55 b   56 c   57 a   58 a   59 b   60 a

61 c   62 b   63 c   64 a

**Teil 3**

65 viel Energie / ungeheure Menge Energie

66 beeindruckt und optimistisch

67 eines Tages / irgendwann

68 nicht genug Zeit / zu wenig Zeit

69 nichts zu tun / Nichtstun

70 Durchsetzung / Umsetzung

71 CO2 (-Erzeugung), Schadstoffe

72 Forschung, „Climate Tech"-Start-ups

73 (aktiv) verhindert

74 sterbende / veraltete Technologien

## Schriftlicher Ausdruck Beispiellösung

**Thema 1**

Weltweit sind Stipendien schon lange ein wichtiges Mittel für Studenten, womit sie sich das Studium finanzieren können. Allerdings wird auch schon genauso lange die Sinnhaftigkeit von Stipendien diskutiert. Man kann die Meinungen in zwei grobe Gruppen teilen. Auf der einen Seite wird behauptet, dass Stipendien unbedingt notwendig sind. Auf der anderen Seite stehen Zweifler des Stipendien-Systems und fordern eine Überarbeitung oder gar die Abschaffung von Stipendien.

Auf der Seite der Gegner des Systems wird vor allem der Leistungsdruck und der Konkurrenzkampf unter Studenten angeführt. So verlangen viele Stipendien einen überdurchschnittlichen Notenschnitt von den Studenten. Dies kann dazu führen, dass sich Studenten zu viel Druck machen und ihr Studium nicht mehr genießen können. Hinzu kommt, dass es viele Stipendien gibt, die nicht alle Kosten des Studiums decken können. Somit müssen Studenten trotz allem arbeiten. Dies führt wiederum oft zu einem Leistungsabfall und dem Verlust des Stipendiums.
Auf der anderen Seite gibt es auch viel Unterstützung von Befürwortern des Stipendium-Systems. Mit einem Stipendium können sich viele Studierende besser auf das Studium konzentrieren und bessere Leistungen erzielen. Da viele Studenten während des Studiums noch von ihren Eltern unterstützt werden, können sie das Geld des Stipendiums für andere Dinge ausgeben oder für einen Auslandsaufenthalt ansparen. Zudem zählt ein Stipendium auch als eine Anerkennung der Leistung. Somit ist es nicht nur gut für die Psyche der Studenten, aber es kann auch für die spätere akademische oder berufliche Laufbahn von Bedeutung sein. Vor allem für Studenten, die sich sehr bemühen, kann ein Stipendium als eine Belohnung für die vielen Stunden, die in das Studium investiert wurden, gesehen werden.

Stipendien haben, wie oben angeführt, sowohl Vorteile als auch Nachteile und obwohl das aktuelle System nicht perfekt ist, sehe ich keinen Grund zur Abschaffung der Stipendien. Allerdings ist es wichtig, das System zu überarbeiten und höhere Summen auszuzahlen. Aufgrund der stetig steigenden Wohnungspreise und der Inflation müssen auch die Stipendien erhöht werden, damit sich der Aufwand auch für die Studenten lohnt. Auch wenn nicht jeder Student mit dem Geld eines Stipendiums leben muss, wäre es gut, wenn es diese Möglichkeit gäbe.

(343 Wörter)

**Thema 2**

Seit der Corona-Pandemie finden viele Vorlesungen zahlreicher Universitäten online statt und die Meinungen zu virtuellem Unterricht gehen oft weit auseinander. Zum einen werden Vorlesungen, in denen man keine Fragen stellen kann, als sinnlos eingestuft. Zum anderen wird die flexible Zeiteinteilung gefeiert und von vielen Studenten begrüßt. Im folgenden Text werden Vor- und Nachteile von Online-Vorlesungen kritisch betrachtet und diskutiert. Im Anschluss werde ich meine Meinung noch einmal verdeutlichen.

Online-Vorlesungen haben viele positive Seiten. Wie oben genannt, ist einer der größten Vorteile die flexible Zeiteinteilung. Diese ist allerdings nur gewährt, wenn der Unterricht länger online verfügbar bleibt. Wenn dies der Fall ist, gibt es auch noch weitere Vorteile. So können sich Studenten die Vorlesungen vor der Prüfung noch einmal ansehen oder auch während des Lernens gewisse Punkte überprüfen und sich vergewissern, dass ihre Notizen richtig sind.

Zusätzlich kann man sich die Vorlesung so oft ansehen, bis man sie verstanden hat. Dieser Punkt ist vor allem auch für Studenten aus dem Ausland wichtig.

Allerdings ist es durch Online-Vorlesungen, wie oben genannt, schwieriger, Fragen zum Unterricht zu stellen. Natürlich kann dieses Problem mit einem Forum oder Ähnlichem gelöst werden, wobei hier gleich ein weiterer Nachteil in die Quere kommen kann. Viele Lehrpersonen sind schon älter und oft nicht technisch begabt. Eine Lehrperson muss sich daher erst mal mit der Technik vertraut machen. Als nächsten Nachteil möchte ich die geringe Konzentration nennen. Auch in Vorlesungen an der Uni ist es oft schwierig, sich zu konzentrieren. Bei Online-Vorlesungen ist dies noch schwieriger. Vor allem wenn man sich diese Vorlesungen zuhause ansieht, gibt es viele Ablenkungen, wie zum Beispiel Mitbewohner. Ein letzter Nachteil ist der fehlende soziale Faktor. Im Präsenzunterricht kann man sich mit Kommilitonen unterhalten und anfreunden. Bei virtuellen Lehrveranstaltungen ist dies nahezu unmöglich. Daher gab es während der Pandemie auch sehr viele Studenten, die sich einsam und allein gelassen fühlten.

Nach Betrachtung der oben diskutierten Vor- und Nachteile komme ich zu dem Schluss, dass Online-Vorlesungen, wenn möglich, vermieden oder in Kombination mit Präsenzunterricht angeboten werden sollten. Besonders im ersten Semester ist es wichtig, Kontakt mit den Kommilitonen und den Lehrpersonen aufzubauen. Daher eignen sich Online-Vorlesungen nicht für Studienanfänger. Auch im späteren Studienverlauf ist der zwischenmenschliche Kontakt und der persönliche Austausch wichtig.

(366 Wörter)

## Mündlicher Ausdruck Beispiellösung

*Zu Beginn führen die Prüfenden und Teilnehmenden ein kurzes Gespräch, in dem sie sich miteinander bekannt machen.*

### Prüfer/in A

Willkommen in der Mündlichen Prüfung. Mein Name ist Prüfer/in A, und dies ist meine Kollegin / mein Kollege Prüfer/in B Die Mündliche Prüfung hat drei Teile. Für den ersten Teil, die Präsentation, haben Sie ja schon etwas vorbereitet. Frau / Herr Teilnehmer/in A, fangen Sie doch bitte an und sagen Sie uns auch, welches Thema Sie gewählt haben.

### Teilnehmer/in A

Vielen Dank, heute möchte ich eine Präsentation über das Bildungssystem in Deutschland halten. Zuerst möchte ich einen Überblick über das Bildungssystem geben. Danach möchte ich einen positiven und einen negativen Aspekt des Bildungssystems hervorheben und einen Verbesserungsvorschlag machen.

Das deutsche Schulsystem ist in vier Stufen unterteilt. Die erste Stufe ist für alle Schülerinnen und Schüler gleich. Nach der Grundschule können sich die Schülerinnen und Schüler je nach Interessen für einen weiteren Bildungsweg entscheiden.

Mit dem 9. Schuljahr endet die Schulpflicht. Die Jugendlichen können sich entscheiden, weiterhin eine Schule zu besuchen oder eine Ausbildung zu beginnen. Die meisten Schüler, die weiterhin an der Schule bleiben, arbeiten auf das Abitur hin. Nach dem Abitur kann man eine Hochschule besuchen.

Bildung wird in Deutschland als Grundrecht angesehen und daher ist die öffentliche Bildung bis zur Hochschule kostenlos. Diesen Punkt finde ich besonders bewundernswert. In meinem Heimatland muss man für alle Bildungsstufen nach dem 9. Schuljahr bezahlen. Obwohl das deutsche Bildungssystem sehr gut ist, denke ich, dass Jugendliche mit etwa 10 Jahren noch nicht wissen können, ob sie in eine Universität gehen wollen. In

diesem Alter müssen sie aber schon mehr oder weniger wählen, welche Schule sie als Nächstes besuchen. Diese Wahl beeinflusst die Wahrscheinlichkeit, mit der die Jugendlichen später ein Studium beginnen. Zum Beispiel, wer ein Gymnasium besucht, wird eher studieren als jemand, der in die Hauptschule geht. Daher denke ich, dass diese Entscheidung zu einem späteren Zeitpunkt stattfinden sollte. Abgesehen von diesem Punkt finde ich das deutsche Schulsystem sehr gut.
Vielen Dank für Ihre Aufmerksamkeit. Haben Sie noch Fragen?

### Prüfer/in A

Vielen Dank, Frau / Herr Teilnehmer/in A Würden Sie, Frau / Herr Teilnehmer/in B, bitte zusammenfassen, was Frau / Herr Teilnehmer/in A gesagt hat?

### Teilnehmer/in B

Teilnehmer/in A hat das deutsche Schulsystem vorgestellt. Das Schulsystem ist in 4 Teile geteilt und Bildung ist in Deutschland ein Grundrecht, daher ist die öffentliche Bildung bis zur Hochschule kostenlos. Im Heimatland von Teilnehmer/in A ist dies nicht so. Zudem ist Teilnehmer/in A der Meinung, dass die Entscheidung, ob man studieren möchte oder nicht, in Deutschland zu früh getroffen werden muss.

### Prüfer/in A

Vielen Dank, und nun stellen Sie doch bitte noch eine oder zwei Anschlussfragen.

### Teilnehmer/in B

Wieso sind Sie der Meinung, dass das deutsche Schulsystem gut ist?

### Teilnehmer/in A

Ich denke, dass man in Deutschland viel lernen kann. Vor allem lernen die Schülerinnen und Schüler in Deutschland das Gelernte auch anzuwenden. Das finde ich sehr gut.

### Teilnehmer/in B

Ich verstehe. Würden Sie auch gerne in Deutschland zur Schule gehen?

### Teilnehmer/in A

Für mich ist es schon etwas zu spät, aber ich möchte, dass meine Kinder später in einem ähnlichen System groß werden können.

### Prüfer/in A

Danke, und nun bitten wir Sie, Frau / Herr Teilnehmer/in B, um Ihre Präsentation. Nennen Sie uns doch das Thema und fangen Sie bitte an.

### Teilnehmer/in B

Vielen Dank. Ich werde einen Vortrag über das Thema Mehrsprachigkeit in den USA halten. Zuerst möchte ich die aktuelle Situation in den USA beschreiben, danach werde ich Vor- und Nachteile dieser Umstände nennen und meine Meinung dazu darstellen.
In den USA ist die wichtigste Sprache Englisch. In allen Bundesstaaten wird Englisch gesprochen und Englisch ist fast überall die offizielle Amtssprache. Es werden auch viele andere Sprachen gesprochen, aber sehr viele US-Amerikaner sprechen nur eine Sprache. Bilingual sind meist nur Personen, die einen Migrationshintergrund haben. Daher ist Spanisch die zweitwichtigste Sprache in den USA. Sie wird als erste Fremdsprache gelehrt und sehr viele Menschen wachsen mit Spanisch als Zweit- oder Muttersprache auf. Weitere Sprachen haben in den USA kaum Bedeutung.
Ein Vorteil der weiten Verbreitung des Englischen ist, dass sich alle miteinander verständigen können, und der Austausch zwischen den Bundesländern ist dadurch auch garantiert. Zum Vergleich dazu gibt es in der EU keine gemeinsame Sprache und die Verständigung geht meist über eine Fremdsprache, was leicht zu Missverständnissen führen kann. Die weite Verbreitung von Spanisch ist auch hilfreich für die USA, da Spanisch die vorherrschende Sprache in Südamerika ist.
Wenn man sich allerdings nur auf zwei Sprachen fokussiert, werden viele andere Sprachen ausgeschlossen und die Vielfalt der Sprachen wird dadurch nicht gefördert. In den USA gab es viele uramerikanische Sprachen, leider sind davon schon viele ausgestorben.

Zudem wird die Kommunikation mit anderen Ländern und auch das Verständnis anderer Kulturen nicht gefördert. Ich bin der Meinung, dass man in einer globalisierten Welt mindestens eine Fremdsprache sprechen soll, aber viele Englisch-Muttersprachler sprechen nur eine Sprache. Daher denke ich, dass die USA mehr in Fremdsprachenunterricht investieren sollten.

### Prüfer/in A

Vielen Dank, Frau / Herr Teilnehmer/in B Würden Sie, Frau / Herr Teilnehmer/in A, bitte zusammenfassen, was Frau / Herr Teilnehmer/in B gesagt hat?

### Teilnehmer/in A

Teilnehmer/in B hat über Mehrsprachigkeit in den USA gesprochen. In den USA sind die wichtigsten Sprachen Englisch und Spanisch. Fast jeder spricht Englisch, da es fast überall die offizielle Amtssprache ist. Zudem sprechen viele Menschen Spanisch. Das ist gut, weil sich dadurch alle Menschen in der USA miteinander unterhalten können und weil in Südamerika viel Spanisch gesprochen wird. Allerdings meint Teilnehmer/in B, dass die USA ihre Ursprachen mehr fördern sollte und man in einer globalisierten Welt mindestens eine Fremdsprache sprechen sollte. Daher schlägt er / sie vor, die USA solle mehr in Fremdsprachenunterricht investieren.

### Prüfer/in A

Vielen Dank, und nun stellen Sie doch bitte noch eine oder zwei Anschlussfragen.

### Teilnehmer/in A

Wieso haben Sie die Mehrsprachigkeit in den USA beschrieben?

### Teilnehmer/in B

Ich habe ein Jahr lang in den USA Englisch gelernt. Damals ist mir aufgefallen, dass die meisten US-Amerikaner nur eine Sprache sprechen und in meinem Heimatland alle Englisch lernen müssen. Das finde ich heute noch faszinierend.

### Teilnehmer/in A

Ich finde das auch sehr spannend. Außer Spanisch, welche Sprache sollte man noch in den USA unterrichten?

### Teilnehmer/in B

Meiner Meinung nach wäre ein breites Angebot an verschiedenen Sprachen das Beste. So wird die allgemeine Mehrsprachigkeit gefördert.

### Prüfer/in A

Vielen Dank. Nun kommen wir zur Diskussion. Hier haben Sie ein Aufgabenblatt mit dem Thema für die Diskussion. Sie sehen ein Zitat. Es lautet: „Fantasie ist wichtiger als Wissen, denn Wissen ist begrenzt." Darunter finden Sie einige Fragen, die Ihnen bei der Diskussion helfen. Sie müssen aber nicht alle Fragen, die dort stehen, besprechen, d. h., die Diskussion zu dem Zitat kann sich frei entfalten. Bitte sehr, Frau / Herr Teilnehmer/in B, fangen Sie an.

### Teilnehmer/in B

„Fantasie ist wichtiger als Wissen, denn Wissen ist begrenzt", ist ein sehr interessantes Zitat. Da das Zitat von einem berühmten Wissenschaftler stammt, verstehe ich das Zitat so: Man kann so viel lernen, wie man möchte, aber das hilft nicht dabei, etwas Neues zu entdecken. Nur durch Fantasie kann man die bisherigen Grenzen überschreiten und etwas Neues erfinden. Was denken Sie über dieses Zitat?

### Teilnehmer/in A

Ich finde Ihre Interpretation sehr interessant. Allerdings denke ich ein wenig anders. Natürlich muss man für neue Ideen und Erfindungen Fantasie haben. Nichtsdestotrotz denke ich, dass mit diesem Satz etwas anderes gemeint ist. Und zwar bin ich der Meinung, dass mit diesem Satz gemeint ist, dass man in Kindern nicht so sehr das Wissen, sondern eher die Fantasie, oder die Kreativität, fördern sollte. Das Wissen, das Kinder brauchen, lernen sie irgendwann sowieso, aber wenn sie ihre Fantasie verlieren, können sie später weniger leisten.

**Teilnehmer/in B**

Das ist auch eine sehr spannende Ansicht. Ich denke, dass es wichtig ist, beides in Kindern zu fördern. Vor allem müssen Kinder das Grundwissen, wie Lesen, Schreiben, Rechnen lernen, um ihre Kreativität durch verschiedene Kanäle ausdrücken zu können. Daher sollten Kinder in der Schule sich auf das Lernen von Wissen konzentrieren und zuhause oder in ihrer Freizeit sich auf kreative Tätigkeiten konzentrieren.

**Teilnehmer/in A**

Natürlich sollten Kinder das Grundwissen lernen. Ich würde sogar sagen, Kinder sollten bis zu ihrem 18. Lebensjahr in die Schule gehen und viel nützliches Wissen lernen. Aber ich denke, dass Fantasie und Kreativität nicht nur in der Freizeit eine Rolle spielen sollten. Meiner Erfahrung nach ist es auch wichtig, Fantasie und Wissen im Unterricht zu verbinden. Denn nur so können die Kinder lernen, die beiden gemeinsam einzusetzen. Wenn ein Kind, zum Beispiel im Mathematikunterricht, zuerst versucht mit allen erlernten Mitteln ein neues Problem zu lösen, können sie selbst einen Lösungsweg finden und somit die Aufgabe besser verstehen. Dadurch werden sie aufgefordert, außerhalb der bekannten Grenzen zu denken, und sie können ihr Wissen und Denken erweitern.

**Teilnehmer/in B**

Ich verstehe Ihre Ansicht und muss Ihnen auch zustimmen. Durch solche Aufgaben im Unterricht lernen die Kinder nicht nur selbstständiges Denken, sondern auch Problemlösung. Viele Menschen können heutzutage nicht mehr selbstständig denken, weil sie ein Smartphone haben, dass ihnen immer sofort die richtige Antwort gibt. Wenn man das Denken nicht im Unterricht lernt, wird man es wohl nie lernen. Abgesehen davon, denke ich, dass ich dem Zitat nicht ganz zustimmen kann. Ich denke, dass die Kunst, Wissen und Fantasie zu kombinieren, das Wichtigste ist.

**Teilnehmer/in A**

Das ist eine sehr gute Beobachtung. Ich bin auch der Meinung, dass es wichtig ist zu lernen, wie man das Gelernte anwenden kann. Das Wissen mit Fantasie zu verknüpfen und damit Probleme zu lösen, klingt nach einer sehr guten Idee. Zudem finde ich, dass Erwachsene auch einen Kurs in Fantasie besuchen sollten. Je älter wir werden, desto mehr übernimmt das Wissen unser Denken und Fantasie wird immer weniger wichtig.

**Teilnehmer/in B**

Da stimme ich Ihnen vollkommen zu. Ich selbst muss das fantasievolle Denken erst wieder lernen. Ich habe fast alles vergessen. Ich denke allerdings, dass das Fremdsprachen lernen dabei hilft, wieder kreativer zu werden. Wenn man ein Wort nicht weiß, muss man oft sehr kreativ werden, um es zu beschreiben.

**Teilnehmer/in A**

Das kann ich nur zu gut verstehen.

**Prüfer/in A**

Vielen Dank. Die Zeit ist vorbei und die Prüfung beendet. Das Ergebnis wird Ihnen in wenigen Wochen mitgeteilt.

# Modelltest 2

정답 해설  듣기 지문

## Leseverstehen

**Teil 1**

1 d   2 g   3 a   4 c   5 f   6 h

**Teil 2**

7 a   8 d   9 c   10 e   11 d   12 e

**Teil 3**

13 -   14 +   15 +   16 x   17 +   18 -

19 x   20 +   21 -   22 +   23 -   24 a

## Sprachbausteine

25 b   26 a   27 d   28 c   29 d   30 a

31 a   32 b   33 c   34 d   35 a   36 b

37 a   38 c   39 d   40 c   41 b   42 b

43 d   44 a   45 d   46 c

## Hörverstehen

**Teil 1**

47 d   48 a   49 g   50 c   51 f   52 j

53 h   54 e

**Teil 2**

55 b   56 c   57 c   58 b   59 a   60 a

61 b   62 a   63 c   64 c

**Teil 3**

65 schlechtere Startchancen / eine schlechtere Ausgangssituation

66 Kindergarten

67 sozialem Status der Eltern / den Eltern

68 Wortschatz / Selbstregulation

69 Sprachförderung

70 Schreiben / Schreibfähigkeit

71 den Entwicklungsstand / die Entwicklung

72 Akademiker / Akademiker-Eltern

73 Eltern / Elternbeteiligung

74 steigen (auch)

청해 부분 3은 정답 하나 당 2점씩 부여됩니다.
지문을 제대로 이해한 것으로 보이나, 작성한 답안이 불충분하거나 잘못 표현된 경우에는 1점이 부여될 수 있습니다. 요구 정답이 두 개인 문제에서 정답을 하나만 쓴 경우도 마찬가지입니다.

## Schriftlicher Ausdruck
## Beispiellösung

**Thema 1**

Durch das Altern der Gesellschaft spielt auch das Thema „Studieren über 50" eine immer größere Rolle. Die Zahl der Studierenden über 50 ist in den letzten Jahren kontinuierlich gestiegen. Viele der älteren Studenten nehmen nicht nur an den speziellen Seniorenstudien teil, sondern immatrikulieren auch in normalen Hauptstudien. In diesem Text möchte ich die Auswirkungen dieses Phänomens auf den normalen Studienbetrieb von verschiedenen Perspektiven betrachten.

Befürworter des Studiums betonen stets die Vorteile, die ein solches Studium der älteren Generation bringt. So argumentieren sie, dass ein Studium auch im fortgeschrittenen Alter gut für das Gehirn ist, da man stets neue Dinge lernt und dadurch die Verbindungen im Gehirn stärkt. In diversen Studien wurde gezeigt, dass auch nur eine kleine Menge an täglichen, neuen Informationen altersbedingten Gedächtnisschwächen entgegen wirken kann. Ein weiterer Vorteil ist die Möglichkeit für beide Generationen, voneinander zu lernen. So können ältere Menschen von der jungen Generation den Umgang mit der neuesten Technik lernen und ihrerseits auch wertvolle Lebensweisheiten weitergeben. Zudem ist auch der Kontakt zu jungen Menschen wichtig, um Einsamkeit zu bekämpfen. Ein letzter Punkt ist, dass viele Senioren in ihrer Jugend nicht die Möglichkeit hatten, zu studieren. Durch ein Studium im Seniorenalter können sie sich einen lebenslangen Traum erfüllen.
Gegner der Zulassung von älteren Studierenden behaupten, dass ältere Studierende den Unterricht stören würden. Besonders in geschichtlichen Fächern würden ältere Studierende gerne unterbrechen, um von ihren eigenen Erlebnissen in dieser Zeit zu erzählen. Zudem seien sie oft zu sehr darauf fokussiert, wie sie eine Epoche erlebt haben, und würden mit den Lehrkräften über die Fakten streiten. Ein weiterer Nachteil sind die Absichten der älteren Studierenden. Junge Studierende studieren, um sich einen Platz in der Welt zu erkämpfen. Für ältere ist das Studium oft nur ein Vergnügen. Sie nehmen es daher oft nicht ernst und machen ihre Hausaufgaben und Gruppenarbeiten nicht. Dies wiederum kann zu vielen unnötigen Fragen und schlechten Noten für ihre Gruppenmitglieder führen.

Nach Betrachtung des Themas „Studium über 50" aus verschiedenen Perspektiven bin ich der Meinung, dass auch ältere Studierende die Möglichkeit haben sollen, an regulären Studienprogrammen teilzunehmen. Allerdings müssen sich auch die älteren Studierenden an die Regeln halten und ihre Lehrpersonen, wie auch ihre Mitstudierenden, respektieren. Sollten Sie absichtlich ihre Aufgaben nicht erledigen und den Unterricht wiederholt stören, muss es Konsequenzen geben.

(376 Wörter)

**Thema 2**

Gruppenarbeiten werden gerne von Professoren eingesetzt, um größere Projekte zu bewältigen und viele Studenten auf wenige Themen aufzuteilen. Gruppenarbeiten haben einen guten Ruf und werden von vielen als den Einzelarbeiten überlegen angesehen. Dennoch haben Gruppenarbeiten nicht nur Vorteile, sondern auch viele Nachteile. In diesem Diskurs werde ich Gruppenarbeiten von verschiedenen Seiten beleuchten und über die Vor- und Nachteile der Gruppenarbeit diskutieren und am Ende meine Meinung präsentieren.

Einerseits können Studierende in einer

Gruppenarbeit andere Studierende näher kennenlernen und es können Freundschaften fürs Leben entstehen. Vor allem für schüchterne Menschen ist eine Gruppenarbeit oft der einzige Weg, mit anderen ins Gespräch zu kommen. Studierende können zudem viel voneinander lernen. Wenn verschiedene Meinungen aufeinandertreffen, wird viel diskutiert und man lernt, seine eigene Meinung zu vertreten. Zudem lernt man auch, wie man erfolgreich kommuniziert, da man trotz der Verschiedenheiten ein gemeinsames Ergebnis präsentieren muss. Somit wird auch die Teamfähigkeit und Kompromissfähigkeit der Studierenden gefördert.

Andererseits gibt es bei Gruppenarbeiten auch immer wieder Konflikte. Gute Arbeitsaufteilung ist der Schlüssel zu einem erfolgreichen Projekt. Allerdings passiert es oft, dass ein oder mehrere Mitglieder der Gruppe ihren Teil der Arbeit nicht machen oder unzureichend erledigen. Besonders in den unteren Semestern ist ein solches Verhalten gut zu beobachten. Da die meisten Gruppenarbeiten mit nur einer Note für das gesamte Team benotet werden, ist dies ein großes Problem. So werden Noten von guten Studierenden schlechter und Noten von schlechten Studierenden besser, obwohl sie es nicht verdient haben.
Ein weiterer Punkt ist der Zeitaufwand und das Planen der Treffen für die Vorbereitung. An der Uni hat jeder seinen eigenen Stundenplan, daher ist es oft schwer, passende Termine zur Vorbereitung zu finden. Daher werden viele Projekte getrennt vorbereitet und der Effekt des Austausches verschwindet.
Zudem kann man in einer Gruppenarbeit nicht die individuelle Leistung der Studierenden feststellen. Meist ist noch eine Einzelleistung neben der Gruppenarbeit notwendig, um die Studierenden korrekt zu beurteilen. Ist das Gruppenprojekt allerdings sehr groß, bleibt nur wenig Zeit um eine Einzelleistung abzuliefern.

Betrachtet man alle Argumente, kann man leicht erkennen, dass Gruppenarbeiten auch viele Mängel haben. Meiner Meinung nach überwiegen die Nachteile die Vorteile und Gruppenarbeiten sollten nur selten in höheren Semestern durchgeführt werden. Abschließend möchte ich noch sagen, dass die Kommunikationsfähigkeiten auch in Debatten oder auf anderen Wegen gelernt werden können.

(376 Wörter)

## Mündlicher Ausdruck Beispiellösung

*Zu Beginn führen die Prüfenden und Teilnehmenden ein kurzes Gespräch, in dem sie sich miteinander bekannt machen.*

### Prüfer/in A

Willkommen in der Mündlichen Prüfung. Mein Name ist Prüfer/in A, und dies ist meine Kollegin / mein Kollege Prüfer/in B. Die Mündliche Prüfung hat drei Teile.
Für den ersten Teil, die Präsentation, haben Sie ja schon etwas vorbereitet. Frau / Herr Teilnehmer/in A, fangen Sie doch bitte an und sagen Sie uns auch, welches Thema Sie gewählt haben.

### Teilnehmer/in A

Vielen Dank. Ich halte meine Präsentation über den Einfluss von sozialen Netzwerken auf zwischenmenschliche Beziehungen. Zuerst möchte ich den derzeitigen Status der sozialen Medien kurz vorstellen. Danach möchte ich auf die Vor- und Nachteile der sozialen Medien eingehen und abschließend meine Meinung präsentieren.
Soziale Medien sind in unserer heutigen Gesellschaft nicht mehr wegzudenken. Vor allem die junge Generation verbringt sehr viel Zeit auf den sozialen Medien, aber auch Unternehmen nutzen die sozialen Medien, um ihre Produkte zu bewerben. Auf den sozialen Medien kann man sehen, was andere Menschen machen, ohne mit ihnen direkt zu kommunizieren.
Dies ist auch gleich der erste Vorteil der sozialen Medien. Über die sozialen Medien sind wir immer mit unseren Freunden und unserer Familie verbunden, auch wenn wir

weit voneinander entfernt sind. Wir können nicht nur Bilder und Videos sehen, sondern in Sekundenschnelle eine Reaktion senden und unsere Liebsten wissen lassen, dass wir an sie denken. Vor allem wenn man ins Ausland geht oder in eine andere Stadt umzieht, können soziale Medien dabei helfen, in Kontakt zu bleiben.

Aber die meisten, die soziale Medien nutzen, zeigen nur die Sonnenseite ihres Lebens. Dadurch kann es leicht passieren, dass man das eigene normale Leben mit dem „perfekten" Leben in den sozialen Medien vergleicht. Dies kann zu Minderwertigkeitsgefühlen und Depressionen führen. Zudem sind wir so viel online, dass wir uns im realen Leben kaum mehr sehen. Selbst wenn wir uns im realen Leben treffen, sind oft alle Anwesenden mit dem Handy beschäftigt.

Daher bin ich der Meinung, dass soziale Medien einen sehr negativen Einfluss auf unsere zwischenmenschlichen Beziehungen haben. Durch den sozialen Druck, den wir durch den ständigen Vergleich erleben, können wir uns nicht mehr auf das Wesentliche konzentrieren. Abschließend möchte ich noch sagen, dass wir uns wieder mehr der realen Welt widmen sollen. Vielen Dank für Ihre Aufmerksamkeit.

### Prüfer/in A

Vielen Dank, Frau / Herr Teilnehmer/in A Würden Sie, Frau / Herr Teilnehmer/in B, bitte zusammenfassen, was Frau / Herr Teilnehmer/in A gesagt hat?

### Teilnehmer/in B

Teilnehmer/in A hat eine Präsentation über soziale Medien gehalten. Soziale Medien sind gut, weil man damit mit seinen Liebsten in Kontakt bleiben kann. Ein Nachteil der sozialen Medien ist, dass man sich ständig mit einem Idealbild vergleichen kann und depressiv werden kann. Soziale Medien haben einen negativen Einfluss auf zwischenmenschliche Beziehungen und Teilnehmer/in A meinte, man solle sich wieder mehr auf die reale Welt konzentrieren.

### Prüfer/in A

Vielen Dank, und nun stellen Sie doch bitte noch eine oder zwei Anschlussfragen.

### Teilnehmer/in B

Sie haben gesagt, dass man sich auf das Wesentliche konzentrieren soll. Was ist denn das Wesentliche?

### Teilnehmer/in A

Das Wesentliche sind die Dinge, die im Leben zählen. Das kann für jeden etwas Anderes sein. Für mich sind es gute Freundschaften und leckeres Essen.

### Teilnehmer/in B

Ah, ich verstehe. Was denken Sie über all die Werbung auf den sozialen Medien?

### Teilnehmer/in A

Ich persönlich denke, dass es ein wenig zu viel ist. Ich würde lieber für die Apps zahlen, als Werbung zu bekommen.

### Prüfer/in A

Danke, und nun bitten wir Sie, Frau / Herr Teilnehmer/in B, um Ihre Präsentation. Nennen Sie uns doch das Thema und fangen Sie bitte an.

### Teilnehmer/in B

Danke schön. Ich präsentiere heute eine Methode, um Fremdsprachen zu lernen. Zuerst werde ich die Methode vorstellen, danach werde ich über die Vor- und Nachteile dieser Methode sprechen und im Anschluss werde ich von meiner persönlichen Erfahrung mit dieser Methode berichten.

Die Methode, über die ich heute sprechen möchte, ist die Story-Telling-Methode. Auf Deutsch übersetzt heißt sie „Geschichten-Erzähl-Methode". Durch diese Methode kann man nicht nur eine Fremdsprache, sondern auch viele andere Dinge lernen. Das Grundprinzip bezieht sich darauf, dass wir uns fortlaufende Geschichten besser als reine Fakten merken können. Das zu vermittelnde

Wissen wird also in Geschichten verpackt, damit man es leichter lernen kann. Beim Fremdsprachenlernen sind die Grammatik und die Vokabel, die man lernen soll in Geschichten verpackt.

Ein großer Vorteil dieser Methode ist, dass man sich Beispielsätze für gewisse Grammatiken und Vokabeln sehr gut merken kann. Vor allem ganz am Anfang des Lernens kann man sehr schnell ganze Sätze sprechen und verstehen. Somit ist der Einstieg in die Sprache leichter und man kann viel in kurzer Zeit lernen.

Ein Nachteil der Methode ist, dass manche Geschichten wenig mit dem eigenen Leben zu tun haben. Daher ist es schwierig, diese Geschichten und auch die damit verbundene Grammatik oder die vorkommenden Vokabel zu lernen. Wenn man sich die Geschichte nicht merken kann, muss man auf klassische Lernmethoden zurückgreifen.

Ich selbst habe mit Geschichten begonnen Deutsch zu lernen. Ich habe jeden Tag eine neue Geschichte gelesen und verschiedene Übungen dazu gemacht. Nach nur einem Monat konnte ich schon sehr viel mehr sagen, als ich erwartet hatte. Daher empfehle ich diese Methode allen, die schnell auf der Fremdsprache sprechen möchten. Vielen Dank für Ihre Aufmerksamkeit.

### Prüfer/in A

Vielen Dank, Frau / Herr Teilnehmer/in B Würden Sie, Frau / Herr Teilnehmer/in A, bitte zusammenfassen, was Frau / Herr Teilnehmer/in B gesagt hat?

### Teilnehmer/in A

Teilnehmer/in B hat die Story-Telling-Methode für das Fremdsprachenlernen vorgestellt. In dieser Methode wird der Lerninhalt in einer Geschichte verwendet. Die Lernenden merken sich Geschichten leichter als reine Fakten. Ein Vorteil ist, dass man sehr schnell vollständige Sätze sprechen kann. Ein Nachteil ist, dass man sich langweilige Geschichten nicht gut merken kann. Teilnehmer/in B hat am Anfang Deutsch mit dieser Methode gelernt und hatte gute Erfolge.

### Prüfer/in A

Vielen Dank, und nun stellen Sie doch bitte noch eine oder zwei Anschlussfragen.

### Teilnehmer/in A

Wieso haben Sie sich für diese Methode entschieden?

### Teilnehmer/in B

Ich wollte damals ganz schnell Deutsch sprechen können, deshalb habe ich nach der besten Methode gesucht. Die Story-Telling-Methode schien mir die beste Methode für mein Ziel.

### Teilnehmer/in A

Wieso lernen Sie nun nicht mehr mit der Story-Telling-Methode?

### Teilnehmer/in B

Ich denke, die Inhalte für das C1-Niveau sind zu schwer für kurze, unterhaltsame Geschichten. Deshalb gibt es auch kaum Materialien für hohe Niveaus. Aber wenn man einen Zeitungsartikel liest, ist das auch eine Geschichte.

### Prüfer/in A

Vielen Dank. Nun kommen wir zur Diskussion. Hier haben Sie ein Aufgabenblatt mit dem Thema für die Diskussion. Sie sehen ein Zitat. Es lautet: „Weisheit lernt man nicht aus Büchern." Darunter finden Sie einige Fragen, die Ihnen bei der Diskussion helfen. Sie müssen aber nicht alle Fragen, die dort stehen, besprechen, d. h., die Diskussion zu dem Zitat kann sich frei entfalten. Bitte sehr, Frau / Herr Teilnehmer/in B, fangen Sie an.

### Teilnehmer/in B

Dieses Zitat habe ich schon sehr oft gehört. Ich habe noch nie länger darüber nachgedacht, was es genau bedeutet. Aber ich denke, dass der Urheber mit dieser Aussage sagen möchte, dass man nicht sein ganzes Leben nur mit Lernen verbringen soll. Man sollte auch andere Dinge erleben, um weise zu werden. Wie verstehen Sie diese Aussage?

**Teilnehmer/in A**

Also, ich verstehe diese Aussage auch ähnlich. Meiner Meinung nach wird mit diesem Zitat gesagt, dass man erst durch Erlebnisse die Welt verstehen kann. Wer sich nur auf Bücher konzentriert, bekommt vom echten Leben nichts mit und kann dadurch keine richtige Weisheit erreichen.
Ich weiß nicht, ob Weisheit so wichtig ist, aber ich stimme dem Zitat zu, dass man nicht nur aus Büchern lernen sollte. Wie sehen Sie die Sache? Stimmen Sie dem Zitat zu?

**Teilnehmer/in B**

Das ist eine sehr interessante Ansicht. Ich denke allerdings etwas anders. Meiner Meinung nach ist Weisheit das ultimative Ziel im Leben. Wer Weisheit erlangt, wird respektiert und kann anderen Menschen etwas beibringen. Daher denke ich, dass man nicht nur viel aus Büchern, sondern auch viel aus Erlebnissen lernen muss. Zu diesen Erlebnissen gehören auch Reisen in fremde Länder, denn nur so kann man seinen Horizont erweitern. Was denken Sie darüber?

**Teilnehmer/in A**

Also, meiner Meinung nach sind Reisen zwar ein guter Weg, seinen Horizont zu erweitern, aber ich denke auch, dass es andere Möglichkeiten gibt. So ist es zum Beispiel auch sehr wichtig, Freunde und Bekannte in verschiedenen Lebenslagen zu haben, denn nur so kann man das gesamte Bild der Menschheit erfassen. Denn der Unterschied zwischen Arm und Reich ist oft größer als der Unterschied zwischen zwei Ländern. Und vor allem über sozialbenachteiligte Personen wird meist von oben herab berichtet. Sprich, man kann nur selten die Stimmen dieser Menschen in den Medien hören. Um sie wirklich zu verstehen, muss man mit ihnen sprechen.

**Teilnehmer/in B**

Ja, diese Möglichkeit gibt es natürlich auch, den Horizont zu erweitern. Es ist natürlich wichtig, mit vielen verschiedenen Menschen zu sprechen. Nur so kann man beurteilen, inwiefern das, was man gelesen hat, wahr ist. Aber ich denke auch, dass man nicht sofort alles glauben sollte, was einem erzählt wird. Die meisten Menschen sehen das Leben nur aus einem Blickwinkel. Daher kann es oft zu Missverständnissen kommen. Die Aufgabe von weisen Personen ist, diese Missverständnisse zu verstehen und aufzuklären.

**Teilnehmer/in A**

Ich stimme Ihnen zu. Man muss vorsichtig mit den Informationen, die man bekommt, umgehen. Allerdings denke ich nicht, dass nur weise Menschen diese Missverständnisse verstehen sollten. Ich finde, dass sich alle Menschen an der Aufklärung der Missverständnisse beteiligen sollen. Nur so können wir die wirklichen Probleme erkennen und diese beseitigen. Es ist sehr viel Zusammenarbeit gefragt.

**Teilnehmer/in B**

Ja, da haben Sie absolut recht. Es ist sehr wichtig, dass die Menschheit zusammenarbeitet, um eine gemeinsame Weisheit zu erlangen. Allerdings muss diese Weisheit auch gut verständlich an nachkommende Generationen weitergegeben werden. Wenn sie diese Weisheiten nur aus Büchern lernen, kann es erneut zu Missverständnissen kommen.

**Teilnehmer/in A**

Damit haben Sie recht. Es ist wichtig zu versuchen den ewigen Kreislauf zu durchbrechen. Ich hoffe, dass unsere Generation es endlich schaffen kann.

**Prüfer/in A**

Vielen Dank. Die Zeit ist vorbei und die Prüfung beendet. Das Ergebnis wird Ihnen in wenigen Wochen mitgeteilt.

# Modelltest 3

정답 해설   듣기 지문

## Leseverstehen

**Teil 1**

1 g   2 d   3 h   4 b   5 e   6 a

**Teil 2**

7 d   8 c   9 e   10 c   11 a   12 e

**Teil 3**

13 −   14 −   15 +   16 x   17 −   18 +

19 −   20 +   21 x   22 −   23 +   24 a

## Sprachbausteine

25 a   26 c   27 c   28 a   29 d   30 d

31 b   32 c   33 a   34 b   35 c   36 b

37 d   38 a   39 b   40 c   41 d   42 b

43 a   44 a   45 b   46 d

## Hörverstehen

**Teil 1**

47 f   48 b   49 h   50 i   51 d   52 e

53 a   54 g

**Teil 2**

55 a   56 b   57 a   58 c   59 b   60 c

61 b   62 c   63 a   64 b

**Teil 3**

65 wie Menschen / menschlich

66 dynamischste

67 bessere Zusammenarbeit / Bewegungen abschätzen / viele Dinge an Menschen angepasst

68 Unebenheiten / Hindernisse

69 Aluminiumskelett / Knochengerüst

70 Basis für Roboterbewegungen / Bewegungsberechnungen

71 Datenbank

72 Ausbalancieren im Kopf / Balance im Kopf

73 menschenähnlicher

74 Gefühlen und Bedürfnissen

청해 부분 3은 정답 하나 당 2점씩 부여됩니다.
지문을 제대로 이해한 것으로 보이나, 작성한 답안이 불충분하거나 잘못 표현된 경우에는 1점이 부여될 수 있습니다. 요구 정답이 두 개인 문제에서 정답을 하나만 쓴 경우도 마찬가지입니다.

## Schriftlicher Ausdruck
## Beispiellösung

**Thema 1**

Seit der Globalisierung hat auch die Migration der Menschen zugenommen. In vielen Ländern gibt es strenge Vorgaben und Auflagen für Zuwanderer. So muss man in Deutschland nicht nur Deutsch lernen, man muss auch einen Integrationskurs erfolgreich abschließen, um dauerhaft in Deutschland zu bleiben. Auch in vielen anderen Ländern gibt es ähnliche Regelungen. Doch was bringen diese Kurse für die Teilnehmer und ist eine Teilnahmepflicht sinnvoll? Diese Fragen werde ich in diesem Text diskutieren.

Ein Integrationskurs hat die Absicht, den Zuwanderern das Leben im neuen Zielland zu vereinfachen. In den Kursen wird nicht nur die Landessprache, sondern auch wichtige Dinge über die Gesellschaft vermittelt. Wenn man noch gar nichts über das Zielland weiß, können diese Kurse sehr hilfreich sein, da man mit der Lehrperson nicht nur einen Ansprechpartner im Land gewinnt, sondern auch Informationen über die neue Heimat aus einer zuverlässigen Quelle erhält. Diese neuen Informationen und Sprachkenntnisse helfen dabei, ein besseres Leben zu führen.

Zudem kann man in den Kursen Menschen mit ähnlichen Geschichten und Lebenslagen finden. Dadurch können wichtige Freundschaften und Verbindungen entstehen. Auch diese zwischenmenschlichen Beziehungen sind wichtig, um ein gutes Leben in der neuen Heimat zu führen.

Finden diese Kurse allerdings erst spät nach der Ankunft im Zielland statt, ist der Lerneffekt deutlich geringer. In manchen Ländern ziehen sich diese Kurse über einen langen Zeitraum. In dieser Zeit sind meist auch Arbeits- oder Ausbildungsmöglichkeiten eingeschränkt. Würde man neben den Kursen den Teilnehmern auch erlauben, am sozialen Leben der neuen Heimat aktiv, mit einem Job oder einer Ausbildung, teilzunehmen, würde die Integration auch viel schneller passieren.

Zwar sind Kontakte zu Menschen, die einem ähnlich sind, auch wichtig, aber manchmal stören genau solche Freundschaften und Beziehungen die reibungslose Integration. Wer sich viel mit Einheimischen trifft und unterhält, kann die Kultur und die Regeln des Landes auch auf natürliche Art und Weise lernen.

Betrachtet man alle Vor- und Nachteile der Integrationskurse für Zuwanderer, wird deutlich, dass es in diesem Bereich noch deutliche Ausbau- und Verbesserungsmöglichkeiten gibt. Zu einem Integrationskurs gehört auch eine praktische Integration in die Gesellschaft. Daher denke ich, dass es eine gute Idee ist, die Zuwanderer schon während des Integrationskurses arbeiten zu lassen. So können sie sich nicht nur theoretisch mit der Gesellschaft der neuen Heimat befassen, sondern können gleichzeitig ein aktives Mitglied dieser Gesellschaft sein.*

(375 Wörter)

*Dieser Text beruht nicht auf Fakten. Es ist ein Beispiel, wie man eine Aufgabe lösen kann, auch wenn man nicht viel über das Thema weiß.

**Thema 2**

Seit Jahren wird in Deutschland über die kostenlose Hochschulbildung kontrovers diskutiert. Derzeit bieten die öffentlichen Hochschulen für deutsche Studierende kostenlose Studien an. Die Hochschulen werden vom Staat finanziert und sind von Steuergeldern abhängig. In diesem Text werde ich das Thema der kostenlosen Hochschulbildung von verschiedenen Perspektiven betrachten und am Ende meine Meinung präsentieren.

Auf der Seite der Studiengebühren-Verfechter gibt es das Argument, dass kostenlose Hochschulbildung zu überlaufenen Hochschulen und schlecht ausgebildeten Lehrpersonen führt. Dieses Argument wird durch den hohen Stellenwert vieler Privatunis unterstützt. Sie verlangen hohe Studiengebühren und können sich damit die besten Lehrkräfte so wie gute Ausrüstung für Labore und Vorlesungsräume leisten. Daher wird der Unterricht besser und die dort ausgebildeten Fachkräfte haben oft mehr Wissen. Viele Befürworter der Studiengebühren sind der Meinung, dass das zusätzliche Einkommen auch an den öffentlichen Hochschulen für ähnliche Vorteile für Studierende sorgen kann.

Zudem sorgen Studiengebühren dafür, dass sich niemand nur zum Spaß für ein Studium anmeldet. Da bei der Anmeldung Kosten entstehen, wird es weniger Studienanfänger und -anfängerinnen geben, aber diese werden auch eine geringere Studienabbruchquote haben. Somit können sich auch die Lehrkräfte besser auf die einzelnen Studierenden fokussieren und ihnen mehr Inhalte vermitteln.

Auf der anderen Seite ist eine hohe Bildung für viele der einzige Weg zum Aufstieg. Diesen Weg durch Studiengebühren zu verbauen, wäre ungerecht. Wenn sich nur Kinder wohlhabender Eltern ein Studium leisten können, entsteht eine elitäre obere Mittelschicht und die untere Mittelschicht hat keine Chancen für einen Aufstieg. Daher ist die kostenlose Hochschulbildung ein nötiges Mittel, um Chancengleichheit und eine gerechtere Welt zu schaffen.

Außerdem profitiert auch der Staat von gut ausgebildeten Fachkräften, denn sie können die Wirtschaft ankurbeln und somit mehr Einnahmen für den Staat kreieren. Es ist daher nur fair, dass jedem die Chance gegeben wird, ein wichtiges, produktives Mitglied der Gesellschaft zu werden. Vor allem in flächen- und rohstoffarmen Ländern sind Wissen und Technologien ein wichtiges Exportmittel und je mehr Menschen an dem Aufbau von Wissen beteiligt sind, desto bessere Ergebnisse kann man erzielen.

Nach Berücksichtigung der Argumente beider Seiten bin ich der Meinung, dass die kostenlose Hochschulbildung in Deutschland bestehen bleiben sollte. Nur so kann das Land weiter wachsen und viele junge Talente fördern. Es wäre auch für andere Staaten empfehlenswert über die Abschaffung von Studiengebühren nachzudenken.

(373 Wörter)

## Mündlicher Ausdruck Beispiellösung

*Zu Beginn führen die Prüfenden und Teilnehmenden ein kurzes Gespräch, in dem sie sich miteinander bekannt machen.*

### Prüfer/in A

Willkommen in der Mündlichen Prüfung. Mein Name ist Prüfer/in A, und dies ist meine Kollegin / mein Kollege Prüfer/in B Die Mündliche Prüfung hat drei Teile.
Für den ersten Teil, die Präsentation, haben Sie ja schon etwas vorbereitet. Frau / Herr Teilnehmer/in A, fangen Sie doch bitte an und sagen Sie uns auch, welches Thema Sie gewählt haben.

### Teilnehmer/in A

Vielen Dank. Ich möchte heute darüber sprechen, was den beruflichen Werdegang beeinflusst. Zuerst möchte ich einen Überblick über mögliche Faktoren geben. Danach möchte ich auf einen Faktor genauer eingehen und die damit verbundenen Probleme aufzeigen.
Allgemein ist bekannt, dass der Grad der Bildung und die Qualität der Bildung einen großen Einfluss auf den beruflichen Werdegang haben. Oft entscheidet sich schon sehr früh, welche Chancen eine Person später auf dem Arbeitsmarkt haben wird, da die Wahl der sekundären Schule oft schon über die tertiäre Bildung entscheidet. Zudem bestimmen Talent und Fähigkeiten über den beruflichen Werdegang. Ein weiterer Faktor ist die Persönlichkeit. Eine offene und neugierige Persönlichkeit kann unerwartete Türen öffnen. Als letzten Faktor möchte ich den Erfolg der Eltern nennen. Auf diesen Faktor möchte ich

auch gerne etwas genauer eingehen.

Der Erfolg der Eltern bestimmt sehr viel im Leben. So bestimmt er, in welcher Umgebung man als Kind aufwächst. Erfolgreiche Eltern werden versuchen, dem Kind die besten Bildungschancen zu geben. Sie haben auch meist viele Kontakte und können durch ihre Kontakte dem Kind auch diverse Nebenjobs oder Praktika ermöglichen. Diese wiederum machen sich gut auf dem Lebenslauf und öffnen weitere Türen. Fremdsprachen, IT-Kenntnisse, Hobbys und so weiter sind einfacher zu erwerben, wenn die finanzielle Unterstützung der Eltern gegeben ist.

Dieser Einfluss auf den beruflichen Werdegang ist zwar gut für die Kinder erfolgreicher Eltern, aber für die Kinder von nicht so erfolgreichen oder gar armen Eltern bedeutet dies gleichzeitig, dass viele Möglichkeiten für sie gar nicht existieren. Dadurch ist es auch für diese Kinder schwieriger, erfolgreich zu werden, und in Folge dann auch für ihre Kinder. Dieser Teufelskreis ist nur sehr schwer zu durchbrechen. Eine Möglichkeit, ihm zu entkommen, ist Bildung, daher müssen alle Staaten fairen Zugang zu Bildung garantieren. Vielen Dank für Ihre Aufmerksamkeit.

### Prüfer/in A

Vielen Dank, Frau / Herr Teilnehmer/in A Würden Sie, Frau / Herr Teilnehmer/in B, bitte zusammenfassen, was Frau / Herr Teilnehmer/in A gesagt hat?

### Teilnehmer/in B

Teilnehmer/in A hat über die Faktoren, die den beruflichen Werdegang beeinflussen, gesprochen. Es wurden folgende Faktoren genannt: Bildung, Talent und Fähigkeiten, Persönlichkeit und der Erfolg der Eltern. Der Erfolg der Eltern beeinflusst alle anderen Faktoren und ist daher sehr bedeutend. Allerdings führt dieser Faktor auch zu Ungerechtigkeit und deshalb meint Teilnehmer/in A, dass alle Staaten für einen gerechten Zugang zu Bildung sorgen müssen.

### Prüfer/in A

Vielen Dank, und nun stellen Sie doch bitte noch eine oder zwei Anschlussfragen.

### Teilnehmer/in B

Denken Sie, dass man mit guter Bildung den Faktor der Eltern auslöschen kann?

### Teilnehmer/in A

Nein, ich denke nicht, dass man diesen Faktor auslöschen kann, aber ich denke, dass man mit guter Bildung etwas Gleichgewicht in das System bringen kann.

### Teilnehmer/in B

Sehr interessant. Abgesehen von den Eltern, was ist der wichtigste Faktor?

### Teilnehmer/in A

Ich denke, dass alle Faktoren eng zusammenhängen, aber vielleicht ist die Persönlichkeit der zweitwichtigste Faktor. Denn die Persönlichkeit bestimmt, was man aus seinem Leben machen kann.

### Prüfer/in A

Danke, und nun bitten wir Sie, Frau / Herr Teilnehmer/in B, um Ihre Präsentation. Nennen Sie uns doch das Thema und fangen Sie bitte an.

### Teilnehmer/in B

Vielen Dank. Ich möchte heute über den Einfluss der Globalisierung auf Südkorea sprechen. Zuerst möchte ich die speziellen Auswirkungen der Globalisierung auf Südkorea vorstellen, danach werde ich die Vor- und Nachteile dieser besprechen. Am Ende werde ich meine Meinung noch einmal zusammenfassen.

Die Globalisierung verbindet die gesamte Welt miteinander. Südkorea ist eine Halbinsel und hat nur ein Nachbarland. Da man in dieses Nachbarland nicht reisen kann, ist Südkorea sehr abgegrenzt. Durch die Globalisierung war es auch für Südkorea möglich, am Weltgeschehen teilzuhaben. So konnte Südkorea nicht nur durch Exporte sein Bruttoinlandsprodukt steigern, das Land konnte auch die koreanische Kultur und Technologie bekannt machen und hat somit viel Anerkennung gewonnen. Zudem hat die Globalisierung ermöglicht, dass viele Koreaner

im Ausland studieren und das Wissen zurück ins Land bringen und dort die Wirtschaft aufbauen können. Derzeit ist Südkorea global sehr bekannt und dies hilft der Tourismusbranche.
Der große Vorteil für Südkorea ist, dass es durch die Globalisierung wachsen konnte. Durch dieses Wachstum wurde das Leben der Bürger besser und das Land konnte immer weiter wachsen. Derzeit ist Südkorea auch Weltmarktführer in einigen Bereichen und kann mit vielen größeren Ländern mithalten.
Ein weiterer Vorteil ist die Verbreitung der koreanischen Popkultur. Koreanische Popmusik und TV-Serien sind inzwischen auf der ganzen Welt bekannt. Dies hilft dem Image des Landes und öffnet die Türen für weitere Export- und Tourismusmöglichkeiten.
Ein Nachteil der Globalisierung ist die Abhängigkeit vom internationalen Markt. Aufgrund der Lage von Südkorea ist besonders der Schiffstransport wichtig. Der Transport über Schiffe ist aber sehr teuer, deshalb sind importierte Produkte und Rohstoffe auch sehr teuer. Die Größe des Landes macht Südkorea aber abhängig von diesen Importen.
Alles in allem denke ich, dass die Globalisierung für Südkorea sehr gut ist. Dadurch konnte das Land sehr rapide wachsen und den Menschen in Südkorea geht es viel besser als vor 70 Jahren. Vielen Dank für Ihre Aufmerksamkeit.

### Prüfer/in A

Vielen Dank, Frau / Herr Teilnehmer/in B Würden Sie, Frau / Herr Teilnehmer/in A, bitte zusammenfassen, was Frau / Herr Teilnehmer/in B gesagt hat?

### Teilnehmer/in A

Teilnehmer/in B hat über den Einfluss der Globalisierung auf Südkorea gesprochen. Für Südkorea war die Globalisierung großteils positiv. Das Land konnte dadurch stark wachsen und den Menschen geht es nun besser. Ein Nachteil ist die starke Abhängigkeit des globalen Markts, aber die Vorteile sind stärker. Teilnehmer/in B ist der Meinung, dass die Globalisierung gut für Südkorea war.

### Prüfer/in A

Vielen Dank, und nun stellen Sie doch bitte noch eine oder zwei Anschlussfragen.

### Teilnehmer/in A

Wird die Globalisierung auch von den Koreanern positiv aufgenommen?

### Teilnehmer/in B

Ich denke, dass es ähnlich wie in anderen Ländern ist. Die meisten denken, die Globalisierung ist positiv, aber manche schimpfen darüber.

### Teilnehmer/in A

Warum ist koreanische Popmusik so bekannt geworden?

### Teilnehmer/in B

Ich denke, koreanische Popmusik ist der westlichen Popmusik zwar sehr ähnlich, aber es hat etwas Exotisches, das die Menschen gerne mögen. Daher ist es einfach, koreanische Popmusik zu mögen.

### Prüfer/in A

Vielen Dank. Nun kommen wir zur Diskussion. Hier haben Sie ein Aufgabenblatt mit dem Thema für die Diskussion. Sie sehen ein Zitat. Es lautet: „Die Ideen sind nicht für das verantwortlich, was die Menschen aus ihnen machen." Darunter finden Sie einige Fragen, die Ihnen bei der Diskussion helfen. Sie müssen aber nicht alle Fragen, die dort stehen, besprechen, d. h., die Diskussion zu dem Zitat kann sich frei entfalten. Bitte sehr, Frau / Herr Teilnehmer/in B, fangen Sie an.

### Teilnehmer/in B

Werner Heisenberg hat über Nuklearenergie geforscht. Er war auch im zweiten Weltkrieg an einem Projekt für Atombomben beteiligt. Es wundert mich nicht, dass jemand der Nuklearenergie erforscht hat und dann die Auswirkungen einer Atombombe sieht, so eine Aussage macht. Ich denke, Heisenberg wollte keine Menschen mit seiner Forschung töten. Er hat lediglich etwas Neues entdeckt und wollte es für etwas Gutes einsetzen. Aber als der Krieg ausbrach, hatte er keine andere Möglichkeit, als an der Entwicklung einer Bombe zu arbeiten. Was denken Sie über das Zitat?

### Teilnehmer/in A

Ich denke, dass sich Heisenberg mit diesem Zitat von seiner Erfindung distanzieren wollte. Wenn die Idee und die Folgen getrennt stehen, muss er selbst nicht alles verantworten. Ich denke aber auch, dass er mit der Aussage recht hat. Viele Wissenschaftler finden etwas heraus und das Militär versucht oft daraus eine Waffe zu machen oder zumindest die Anwendung der Erfindung in der Verteidigung zu testen.

### Teilnehmer/in B

Ja, da muss ich Ihnen zustimmen. Das Militär ist nun einmal für die Sicherheit des Landes verantwortlich und wenn man bessere Waffen entwickelt, ist man stärker als die Feinde. Viel Forschung wird auch direkt vom Militär finanziert. So wurden viele Dinge, die wir heute alltäglich verwenden, ursprünglich für das Militär entwickelt. Darunter sind Computer und Digitalkameras. Also kann man nicht sagen, dass das Militär keine Forschung finanzieren sollte, denn die Ideen sind manchmal wirklich gut.

### Teilnehmer/in A

Da liegen Sie absolut richtig. Ich denke, dass auch Heisenberg damals einen ähnlichen Gedanken hatte. Durch Atomkraft kann man auch viel Gutes tun, wie zum Beispiel die Stromherstellung. Aber nur weil jemand eine Bombe oder eine Waffe damit gebaut hat, heißt das nicht, dass die Idee an sich schlecht ist. Ich bin der Meinung, dass Ideen neutral sind und dass Menschen ihnen das Gute oder das Böse geben.

### Teilnehmer/in B

Ja, ich finde auch, dass Menschen dafür verantwortlich sind, was mit diesen Ideen passiert. Die Ideen selbst können ja nichts dafür, dass sie in eine Bombe verwandelt werden. Nichtsdestotrotz denke ich, dass ein Wissenschaftler vor einer potentiell gefährlichen Idee warnen sollte oder die Forschung unterbrechen sollte, da die Forschungsergebnisse in Kriegszeiten wieder aufgenommen und in Waffen verwandelt werden können.

### Teilnehmer/in A

Leider kann ich Ihnen in diesem Punkt nicht zustimmen. Wenn vor einer potentiell gefährlichen Idee gewarnt wird, kann diese umso leichter entdeckt werden. Zudem bin ich der Meinung, dass Wissenschaftler eine Verpflichtung haben, allen Ideen nachzugehen. Eine Forschung zu beenden, nur weil die Erkenntnisse auch als Waffe verwendet werden können, hindert den Fortschritt. Wenn man nur sichere Erfindungen machen dürfte, hätte man auch das Internet oder den Computer nicht erfinden dürfen, denn beide werden auch für Cyberangriffe verwendet und können großen Schaden anrichten.

### Teilnehmer/in B

Ich verstehe, was Sie meinen, aber ich bin dennoch anderer Meinung. Natürlich bringen der Computer und das Internet auch Gefahren mit sich, aber die Vorteile und positiven Seiten überwiegen. Atomkraft ist selbst, wenn sie für gute Zwecke verwendet wird, gefährlich. Zum Einen kann ein Fehler passieren und zum anderen wissen wir nach vielen Jahren immer noch nicht, was wir mit dem Müll machen sollen. Vielleicht wäre es besser gewesen, wenn Heisenberg sich für seine Idee verantwortlich gefühlt hätte und die Ergebnisse nicht veröffentlicht hätte.

### Teilnehmer/in A

Ich kann deinen Standpunkt verstehen, aber ich denke, dass nicht nur Heisenberg mit Atomenergie geforscht hat. Es gab auch viele andere Menschen, die sich damit befasst haben. Die Atombombe wäre so oder so gebaut worden.

### Prüfer/in A

Vielen Dank. Die Zeit ist vorbei und die Prüfung beendet. Das Ergebnis wird Ihnen in wenigen Wochen mitgeteilt.

## Quellenangaben

[1] https://www.spiegel.de/karriere/arbeitssucht-rund-zehn-prozent-der-erwerbstaetigen-arbeiten-suchthaft-studie-a-b79b3656-999f-4bb7-9a39-ace653b6d6aa

[2] https://www.spiegel.de/lebenundlernen/uni/jura-studium-studentin-erzaehlt-vom-schwierigen-weg-zum-staatsexamen-a-1135657.html

[3] https://www.spiegel.de/spiegelwissen/a-715594.html

[4] https://www.spiegel.de/wissenschaft/mensch/messung-an-autoplaketten-zum-insektensterben-dramatischer-rueckgang-von-fliegenden-insekten-a-e268f839-b497-4b61-ad86-6e0ac886fe8e

[5] https://www.spiegel.de/panorama/bildung/bafoeg-studierendenvertreter-kritisieren-plaene-der-bundesregierung-a-46c29392-7679-4d98-9f84-f651ff8554c5

[6] https://www.spiegel.de/politik/deutschland/historisch-niedrige-wahlbeteiligung-schlecht-getarnter-unterschichtenhass-kolumne-a-f67c17f2-6920-421d-9e2a-bbeee47ccf3c

[7] https://www.spiegel.de/karriere/medien-und-vielfalt-das-muss-man-sich-leisten-koennen-a-1299158.html

[8] https://www.spiegel.de/lebenundlernen/uni/spiegel-aktion-studentenpisa-der-feine-unterschied-a-731207.html

만약 위 Quellenangaben으로 내용 확인이 어려운 경우 해당 QR코드로 확인하시기 바랍니다.